# 監督が怒ってはいけない大会がやってきた

•

一般社団法人
監督が怒ってはいけない大会
益子直美
北川美陽子
北川新二

方丈社

デザイン　寄藤文平＋垣内 晴（文平銀座）
構成　鈴木靖子
撮影　落合星文
DTP　山口良二
編集　小村琢磨（方丈社）
協力　一般社団法人日本アンガーマネジメント協会
日本財団HEROs

# 第 0 章

# はじめまして。

# 「監督が怒ってはいけない大会」です

# 第0章

はじめまして。

「監督が怒ってはいけない大会」の事務局をやっています北川新二です。ふだんはサラリーマンをしながら、奥さんの美陽子さんと福岡県福津市でバレーボールのジュニアチームを指導しています。


僕たち夫婦は縁あって元バレーボール日本代表の益子直美さん——マコさんと出会いました。そして、いっしょに「監督が怒ってはいけない大会」を主催しているのですが、2015年1月に福岡で開催した第1回大会は、「第1回 益子直美カップ 小学生バレーボール大会」で、「監督が怒ってはいけない」というルールはありませんでした。

でも、大会直前にマコさんからこんな提案をもらったのです。

「せめて、私の名前がついた大会くらいは、子どもたちに『バレーが楽しい!』って思ってもらいたいんだけど、どうかな?」

中学・高校時代、きびしい指導を受け、そのトラウマからスター選手としてスポットライトを浴びながらも、「バレーボールが大嫌い」だったマコさん。

「子どもたちが怒られながらやっているバレーボール大会は見たくない」

そんな思いから、「監督は怒ってはいけない」というルールが〝発明〟されました。

その思いを聞いた僕らは大賛成です。

「それ、すごくいいですね！」

反対する理由などありません。なぜなら僕たち夫婦も、子どもたちがスポーツをする環境に疑問を抱いていたからです。

僕自身はバレーボールの経験はありません。だから、ジュニアチームをつくってはじめて、近隣6チームと練習試合をしたとき、驚きました。子どもたちが怒鳴られ、平手打ちをされ、泣きながらプレーをしている。ドン引きでした。

しかも、美陽子さんに聞くと、「昔からまったく変わってない」「ずっとこうぃう状況だよ」と、不機嫌に言います。美陽子さんは実業団でもプレーをした元バレーボール選手で、彼女自身も理不尽な指導に苦しんだ過去があるのです。


「体罰がバレーボール指導の〝あたりまえ〟っておかしくない？」

「子どもがスポーツをする環境として違うんじゃないか？」

「何か変えられないか？」


マコさんと僕たち夫婦は、はからずも同じ思いを抱いていたのです。そんな奇跡のような偶然から「監督が怒ってはいけない大会」は生まれたのです。

そのほか、「もっと、子どもたちが楽しめるプログラムにできないか？」「監督やコーチなど指導者さんがチャレンジしやすい環境は、どうやったらつくれるのか？」と、３人で試行錯誤しながら続けてきました。

勉強なんて大嫌いだったのに、マコさんに誘われ、私たち夫婦もアンガーマネジメントやスポーツマンシップの講習を受けたり、やる気を引き出すための声かけ「ペップトーク」を学んだりしました。3人のLINEグループは、事務連絡だけでなく、それぞれの気づきやアイデアを共有する場でもあります。

思いだけをエネルギーに突っ走ってきて、気がつけば、福岡大会は2024年1月で9回目を数えるまでになりました。秋田や藤沢、山口、広島など他の地域でも開催されるようになり、さらに、サッカーやハンドボールなど他のスポーツにも「監督が怒ってはいけない」の理念が広がっています。

## 10年で、この活動が不要になるといいね

活動を始めた当初、3人で「10年でこの活動が不要になって、子どもたちのスポーツの現場から理不尽な指導がなくなればいいね」と話していました。ただ、それは僕たちが考えているほど簡単なことではありませんでした。正

直、今ではスポーツの現場から体罰をゼロにするのは不可能だろうとも思っています。

でも、ゆっくりではあるけれど、確実に変わりつつある。そんな手応えを感じているのも確かです。

「監督が怒ってはいけない」という理念を掲げ、大会を開催することに賛同してくれる人がいる一方で、否定的な声もあります。

「『怒らない』って何？」

「じゃあ、勝てないじゃん」

「それが指導って言えるの？」

「子どもが甘えて、つけあがるだけ」

「チームとして成り立たない」

いろんなことを言われてきました。活動から10年を迎えようとする今でも、たまに言われます。でも、こうした声が上がることはもとより承知。むしろ、それこそが僕たちの狙いです。

「監督が怒ってはいけない」

このフレーズが出ることで、指導者さんや保護者さんの中で何かしらの感情が生まれます。それが議論になって、変化のきっかけをつくることが目的だからです。

「監督が怒ってはいけない大会は、次のような理念を掲げています。

**1　参加する子どもたちが最大限に楽しむこと**

**2　監督（監督・コーチ、保護者）が怒らないこと**

**3　子どもたちも監督もチャレンジすること**

いちばんは大会中、子どもたちにめいっぱいスポーツの楽しさを感じてもらうことにあります。名前的には「怒らない」ですが、実は僕らがもっとも大切にしているのは、「スポーツを楽しむ」こと。「怒らない」は二の次なのです。

また、怒ることすべてを禁止しているわけではありません。これは大会の開会式でマコさんが必ず説明しています。

**ルールやマナーを守れなかったとき**
**取り組む態度・姿勢が悪かったとき**
**いじめや悪口を言ったとき**
**危ないことをしたとき**

こうした〝スポーツマンシップ〟にはずれたことをしたときは、怒ってはいけない大会とはいえ、きっちり怒ります。禁じているのは、プレー中のミスに対する感情的な叱責です。

3つめの理念は「チャレンジ」です。子どもたちは、プレーに対してチャレンジをします。「ミスしたら怒られる」となれば、思いきったプレーはできません。でも、監督が怒ってはいけない大会は子どもたちにとっては、「ミスしても怒られない大会」。失敗するのがこわくて今までできなかったプレーや、ジャンプサーブなど、憧れのプレーに挑戦する絶好の機会です。

チャレンジするのは子どもたちだけではありません。大人たちにとっても挑戦の場でもあります。ミスをした子どもに対し、「何やってんだよ！」と怒鳴るのではなく、ポジティブな声かけをしてみる。ナイスプレーに対して、子どもたちとハイタッチをしてみる。そんないつもとは違うことにチャレンジをしてもらいたいと思っています。

この大会は、子どもたちにとっては楽しい大会だけれど、正直、指導者さんにとってはかなりバツが悪いイベントだと思います。ふだんとは違う姿を子どもたちや保護者さんに見られるわけですから、居心地がいいはずがありません。

監督さんにしてみたら、望んで参加したわけではないかもしれない。でも、「監督が怒ってはいけない大会」に参加することは、確実に何かを考えるきっかけになります。保護者さんも、ふだん見ないような子どもたちの表情を見て、感じることはあるでしょう。それがとても大切だと思っています。

「怒ってはいけない」という言葉が強いせいか、誤解されることもあります。「最初からこの3つの理念をちゃんと説明したほうがいい」

そんなアドバイスもいただきます。確かに、ホームページにわかりやすく掲げたら、受け入れられやすくなるのかもしれません。でも僕としては、「怒ってはいけない」という言葉に対し、指導者さんや保護者さんの中に、「モヤモヤ」とした気持ちが生まれたのであれば、その「モヤモヤ」に向き合い、みんなで話し合ってほしいのです。

また、ここ最近よく言われるのが、「怒らないのなら勝てなくてもいいんだ」「はじめから勝利をあきらめるんだね」という声です。

それもちょっと違うと思っています。スポーツなので、絶対に勝ち負けはついてきます。

子どもたちに「負けてもいいよ」「勝負はどうでもいいよ」とは絶対に言いません。勝ちを狙いにいくし、「がんばっていこう！」と言います。なにより、子どもたちはどんな試合だとしても「勝ちたい！」と思ってプレーをします。

「怒らない」＝「勝てない」ということではけしてありません。理不尽に怒らなくても、楽しくスポーツをしても強いチームをつくることは絶対にできます。その方法もみんなで考えていけたらと思っています。

## 子どもたちにバレーボールを好きになってほしいです

自分たちのチームのことを話すのは恥ずかしいのですが、今、うちのチームはまあまあいい感じです。「強いのか？」と聞かれたら、まったくそんなことはなく、全然、勝てません。

めちゃくちゃ勝てないのですが、うちでバレーボールを始めて、卒団後、中学や高校になって結果を出すようになる子が多いのは、少し自慢です。

そして、ここ2、3年の変化として感じるのは、子どもたちが自分の気持ちを積極的に言葉にするようになったことです。

あれをしなさい、これをしなさいと言わなくても、

「サーブがもっと入るようにしたいんだけど、どうしたらいい？」

「エンドラインを狙ったスパイクの打ち方を知りたい」

「レシーブをもっと正確に上げる方法を教えて」

と、子どもたちのほうから質問がきます。

練習試合から帰る車の中で、子どもたちから「体育館、開いてないの？」「練習したいんだけど」と言われることも珍しくありません。

まずは、バレーボールを好きになってほしい。好きだからうまくなりたいと願い、どうしたらいいのかを自分で考えて行動に移せる――子どもたちのそんな成長が見たい。それが今の目標になっています。

偉そうなことを言っていますが、僕も美陽子さんも一時、勝利史上主義に陥り、きびしい練習を子どもたちに強いたことがあります。こういう活動を始めて、僕らも変わりました。子どもたちと向き合うため、子どもたちにバレーを好きになってもらうため、いろんなことを考え、いろんなことを学んでいます。それが今、とても楽しいです。

## はじめまして。「監督が怒ってはいけない大会」です

「監督が怒ってはいけない大会」は2025年3月で10年になります。ラスト1年を残したこのタイミングで、これまでの活動や僕らの思いを1冊の本にまとめました。大会の空気を少しでも伝えたくて、写真をたくさんいれました。

子どもたちの表情を見てください。

これが「監督が怒ってはいけない大会」です。

マコさんはよく、「怒る以外の指導法にチャレンジして、怒られないと、子どもたちがどうなるのか？　その変化から気づいてほしい」と言います。

子どもたちの変化――それこそが笑顔です。

この本を見て、何か感じることがあったら、どうか周りの人と話してみてください。

それが、何か変わる小さなきっかけになったら、とてもうれしいです。

第1章

# ある日の「監督が怒ってはいけない大会」のこと

・

とかいって、ここ1年のいくつもの大会の出来事です(でも素敵なことばかり)。

益子直美

# 朝のこと

長野大会

# 少しだけ緊張しています

「おはようございます！」

駐車場で誘導をしてくれている方に頭を下げ、会場に入ります。

体育館では実行委員のみなさんが、横断幕を掲げたり、受付スペースをつくったり、コートのラインを貼ったりしています。この日まで準備を重ねてくださって、いよいよ本番です。実行委員のみなさんの表情は、少し緊張しているようにも見えます。

北川さんと美陽子ちゃんと本部の設営をしていると、体育館がだんだんとざわめき始めます。どうやら開場時間になったようです。

「おはようございます」

「おはようございます」

「おはようございます」

小さな体に大きな荷物を抱えた子どもたちが、ぞくぞくとやってきて、会釈をしながら体育館に入っていきます。

2階の観覧席がみんなの控え室です。チームメイトやその保護者さんと顔を合わせ、「おはようございます」「ああ、おはよう」。

とはいえ、朝が早いせいか、子どもたちのテンションはちょっと低めです。

「監督が怒ってはいけない大会」のオリジナルTシャツに着替えた子から、体育館のフロアにおりてきます。

初めての会場のせいか、みんな、様子をうかがうようにキョロキョロしています。

でも、子どもたちが遠慮気味なのもわずかな時間でした。

大会前の監督会議を行なう時間になると、体育館に子どもたちの声が響きはじめます。

追いかけっこをする子どもたちがいれば、スライディングを始める子どもがいて、そのかたわらでは、はないちもんめが始まって……きょうも元気な子どもがいっぱいです！

湘南バレーボールクラブ
MIKASA

長野大会

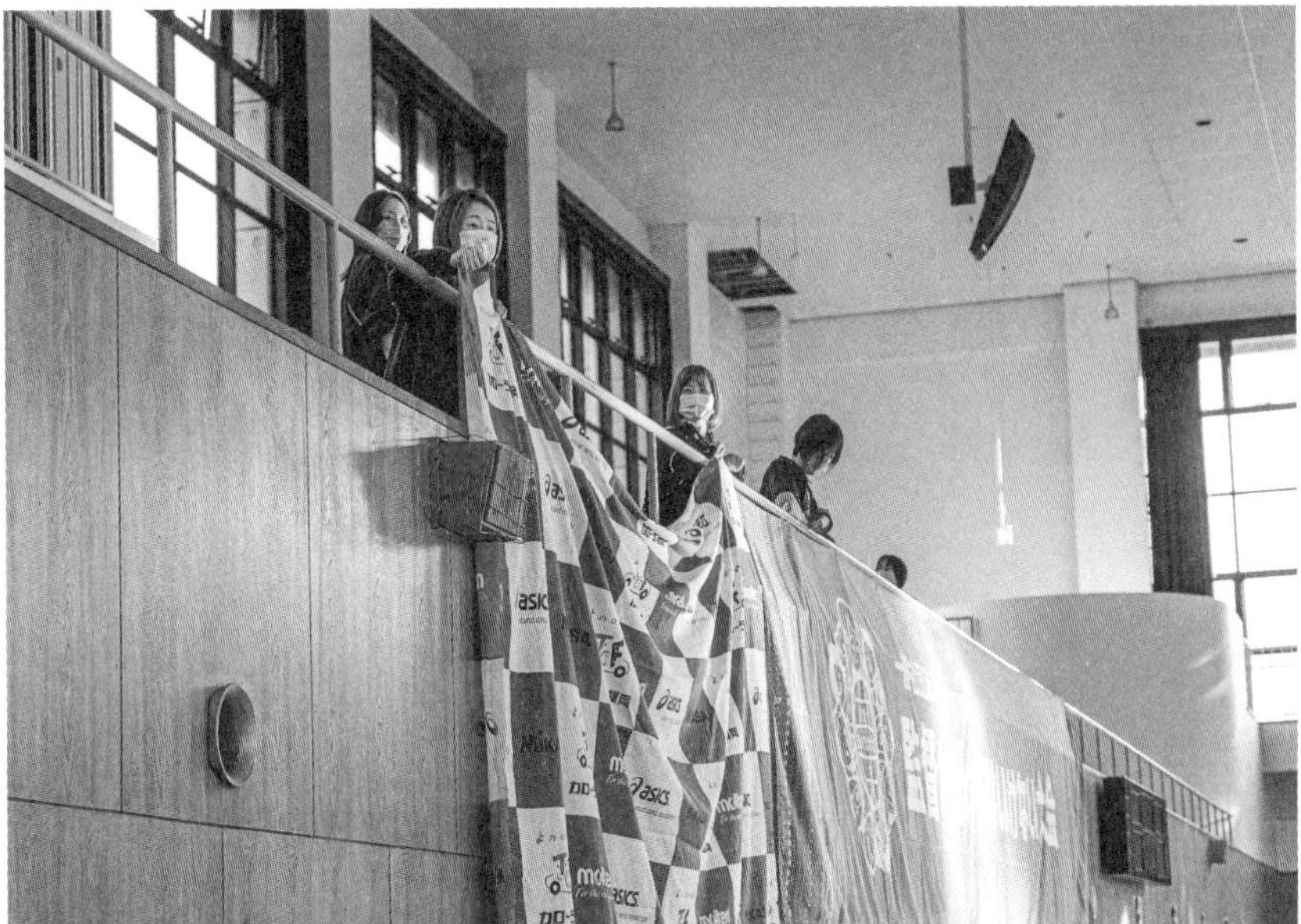


長野大会

一般社団法人
監督が怒ってはいけない大会

監督が怒ってい
けない大会
I will show my seriousness!
SMILE AWARD
最優秀笑顔賞
MIKASA
TeamHub
Eat Well, Live Well.
AJINOMOTO
カローラ福岡

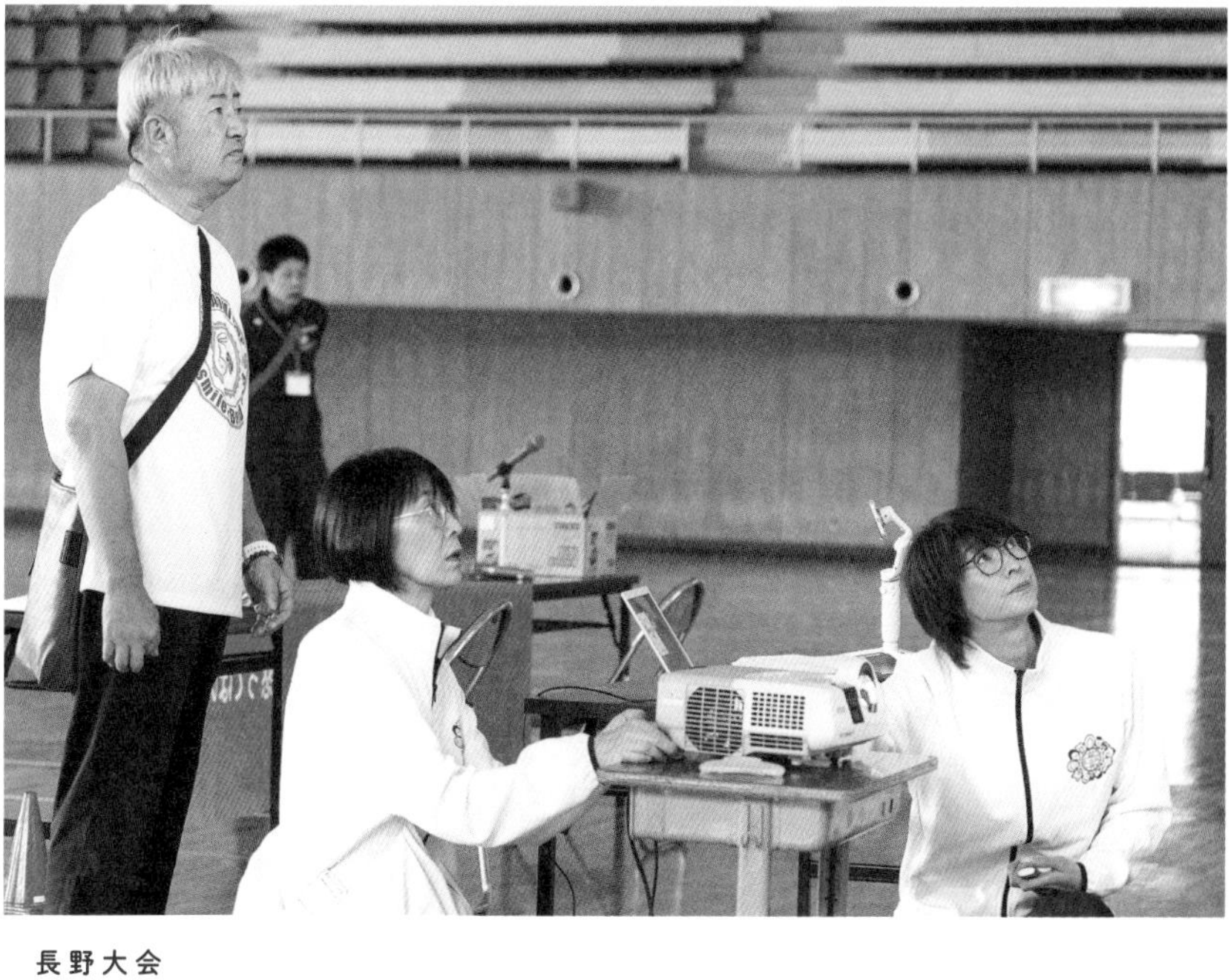

長野大会

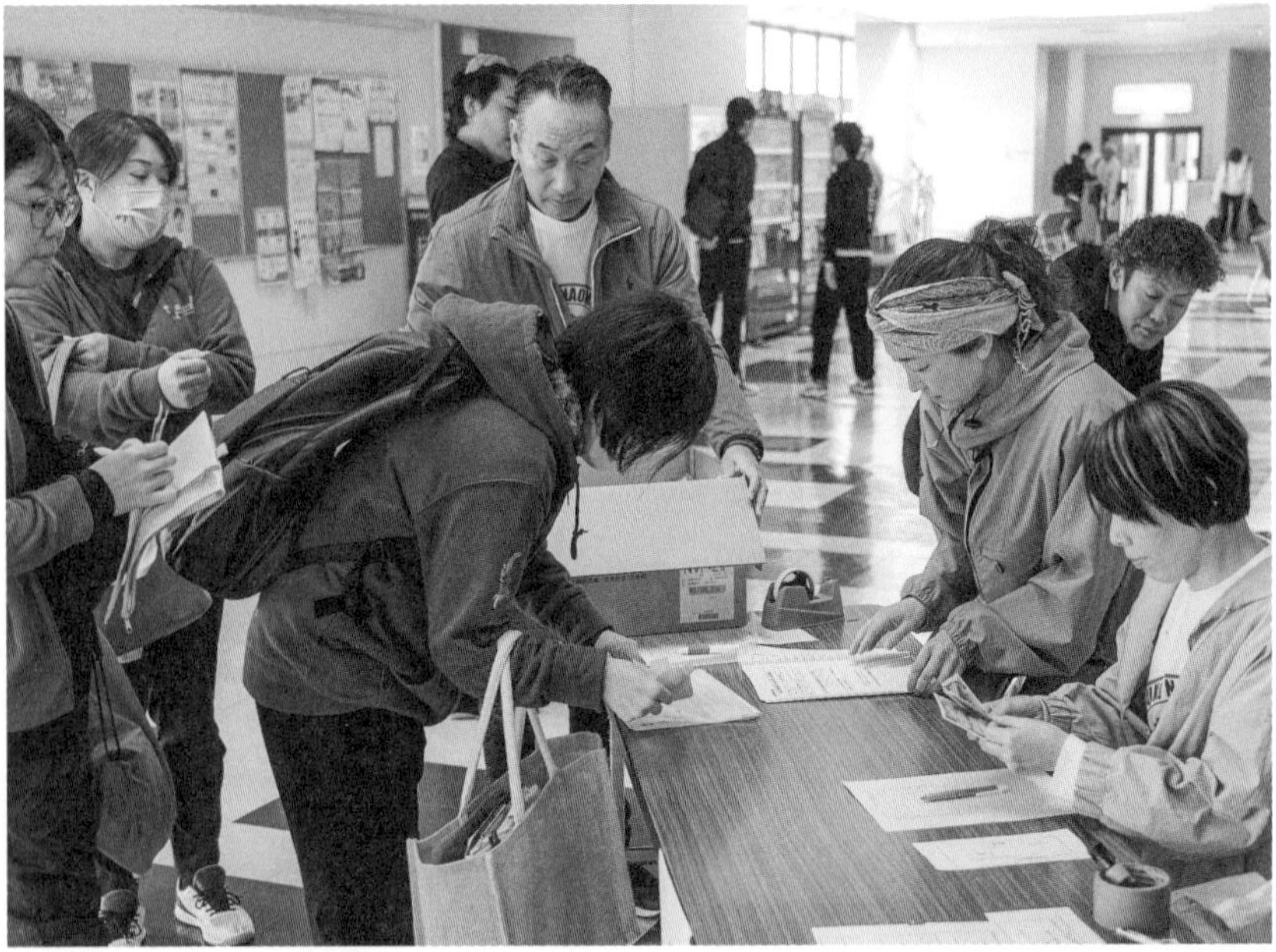

長野大会

開会式、始まります

山口大会

# 監督さんは怒っていますか〜？

開会式が始まる少し前、体育館の扉の奥でスタンバイをします。

子どもたちはすでに体育館の中で待ってます。

「では、みんなで益子さんを呼びましょう。かけ声は『マコさん』で」

北川さんの言葉を聞こえてきたら、いよいよ出番です。

「せーの！」

「マコさーん！」

子どもたちの元気な声を合図に、駆け出していきます。

「監督が怒ってはいけない大会」の始まりです。

「監督が怒ってはいけない大会」は、

**・参加する子どもたちが最大限に楽しむこと**

**・監督（監督、コーチ、保護者）が怒らないこと**

### ・子どもたちも監督もチャレンジすること

という3つの理念のもとに開催するスポーツ大会です。

「怒ってはいけない」というルールが注目されがちですが、そのほかにもちょっと変わったしかけをいくつも盛り込んでいます。

試合はトーナメントではなく「負けても次がある」形式にしていること。

スポーツマンシップやアンガーマネジメントなど学ぶ機会をつくっていること。

試合での勝利や技術の高さだけではなく、「笑顔」も高く評価し、最高の栄誉として「スマイル賞」「スマイル監督賞」を贈呈すること。

そして、ついつい声をあらげたり、怒鳴ってしまった指導者さんには、私から「バッテンマスク」を進呈します。

ふだんから怒りを指導に使っている監督さんの中には、「怒っている」という自覚がない方もいます。「監督が怒ってはいけない大会」は、その気づきの第一歩になってほしいのです。

開会式のあいさつで、毎回、必ず聞くことがあります。

「みんなの監督さんはふだん、怒っていますか〜？」

「はーい！」

手を挙げる子どもたちの姿を見て、周りで見ていた保護者さんからは笑いが起きます。

「○○チームのコーチ？　わかりました！　きょうは要チェックですね」

私がこう言うと、名指しされたコーチは苦笑いです。

でも実は、私が見ているのはそこではありません。

「監督、怒る？」と聞いて、「はい！　はい！　はい！」と屈託なく手を挙げられるチームは全然、大丈夫です。ちょっとふざけたり、はしゃいだりしても監督は怒らないし、笑って受け止めてくれる安定感がある、そんな関係性ができているからです。

一方で気をつけなくてはいけないのは、ふだん怒られているけれど、正直に手を挙げられないチームです。これ、整列している子どもたちを正面から見ていると、一目瞭然です。

ふだんきびしく怒られていて、だからこそ絶対に手を挙げられない、そんなおびえや遠慮があるチームはうつむきがちになります。

列の先頭に座っているキャプテンは、「みんな、どうしてるのかな?」と迷いながら、でも、あからさまにふりかえることができず、どこかモジモジします。

子どもたちを見ていれば、指導者がどのような指導をしていて、子どもたちとどんな関係性を築いているのかはわかります。

## スポーツマンってどんな人?

「宣誓! われわれ選手一同はスポーツマンシップにのっとり、正々堂々と戦うことを誓います」

選手時代、このフレーズを何度も口にしてきましたが、正直、なんのことかまるでわかっていませんでした。でも、早いうちから「スポーツマン」とは何かを知っていれば、スポーツをより深く楽しむことができます。そんな思いから、開会式で必ず取り入れているのが「スポーツマンシップセミナー」です。

2020年に北川さん夫妻といっしょにスポーツマンシップセミナーの講習を受け、

そこでの学びをベースに話をしているのですが、意識しているのは、子どもたちに問いかけ、子どもたちの声を聞いていくということです。

「スポーツマンってどんな人？」

こう問いかけると、子どもたちは次々と答えてくれます。

「石川祐希選手！」

「こまっている人にやさしくできる人！」

「あきらめずにがんばる人！」

「運動ができておもしろい人！」

「いつも笑顔でいられる人！」

一人ひとりにスポーツマンシップ像はあり、答えに正解もまちがいもありません。

大切なのは、自分で考えて意見をもつこと。そして、自分の言葉で語ることです。それができる子どもたちは本当にすごいなと思います。

私は選手時代、自分の意見を聞かれたことなどありませんでした。もっとも聞かれたところで、当時の私は何も答えられなかったと思います。

「スポーツマンとは、周囲から尊敬される人『good fellow』である」
「スポーツマンとは、負けを認めて勝者を称え、負けたことから再び努力できる『good loser』である」

こうした話をしていくのですが、最近ではメジャーリーグの大谷翔平選手を例に出して説明しています。2023年3月に開催されたWBCのエピソードを交えて話をすると、子どもたちも大盛り上がりです。

とにかく野球が大好きで、幼いころから明確な目標をもって努力を怠らず、つねに挑戦をし、練習ではスタッフや年下の選手がいるなか、誰よりも早く球拾いに行き、「トップアスリートには運も必要だ」とゴミ拾いを心がける。

大谷選手はまさに、スポーツマンシップを体現したアスリートで、子どもたちにスポーツマンシップを伝えるのにこれほど適した方はいません。

勝つことにがんじがらめにとらわれず、仲間とボールを追いかけることにわくわくしてほしい。挑戦して、できなかったことができるようになったり、ほめられたりすることで、自己肯定を養ってほしい。

それがこの大会の目的で、「楽しむ」ことをとても大切にしています。でも、「楽しむ」と一口で言っても、実は簡単ではありません。これは私の経験でもあります。

高校まではバレーボールを楽しむなんてとんでもないという世界でした。時代的に「本気のスポーツ」と「楽しむ」が両立するという価値観はなく、指導者の怒声と暴力におびえ、コートでは笑うこともできませんでした。

バレーを楽しむ術を知らないまま社会人になった私は、実業団で「益子はもっとバレーを楽しめ！」と言われ、驚き、こまってしまいました。

「バレーを楽しむって、こういうこと？」と、「いぇ〜い！」とおちゃらけてみると「何、ふざけてるんだ！」と怒られます。楽しむってむずかしい。どうやって楽しんだらいいのか、そのときはわからなかったのです。

でも、スポーツマンシップを学び、〝楽しさ〟にも種類があることを知りました。これも子どもたちに伝えます。

それは、スポーツにおける楽しいは「真剣で楽しい」です。「真剣で楽しい」はどうしたらできるのか？　それが、この大会での子どもたちのチャレンジです。

一方、監督やコーチ、保護者の方のチャンレンジはもちろん、「怒らないこと」です。「怒るかわりに、たくさんほめてください」とお願いします。

日本人はネガティブ思考の方が多い傾向があって、もっと強くしてあげたい、うまくなってほしいという熱意が、ミスしたこと、できなかったことを注意するというアプローチになりがちです。いいところを探すのもほめるのも、みんな慣れていません。だからこそ、きょう、この大会でチャレンジするのです。

とはいえ、ほめるのも簡単ではありません。そこで、日本ペップトーク普及協会代表理事の岩﨑由純さんに教えていただいたこんなヒントも伝えます。

「ほめるのがむずかしいというのであれば、認める／ほめる／喜ぶを使い分けてはいかがでしょうか？　素質や才能は認める。努力やがんばったプロセスはほめる。そして勝ったら、いっしょに喜んであげてほしいと思います」

子どもたち、監督、それぞれのチャレンジについて説明し、「みなさん、きょうは1日、楽しみましょう！」と宣言して開会式は終了です。でも、試合はまだまだ始まりません。次のプログラムは「監督が怒ってはいけない大会」の真骨頂、遊びの時間です。

一般社団法人
監督が怒ってはいけない大会

負けた時
春の高校バレー
準優勝！
自分たちがダメだった、
できなかった。。。
負けて、敵と話すなんて
ありえない！
勝って　ざまぁみろ！
負けて　こんちくしょう！

山口大会

長野大会

# まずは遊びの時間です

広島大会

## 午前中は「笑顔」のウォーミングアップの時間です

「監督が怒ってはいけない大会」では午前中、バレーボールをしません。体育館にはネットの設営もしていません。午前の時間を目いっぱい使って遊びます。

「〇×クイズ」や「チーム対抗リレー」が定番で、監督やコーチ、保護者による「的当てゲーム」も盛り上がるプログラムです。

「午前中はレクリエーションをして遊ぶ」というのは北川さんと美陽子ちゃんのアイデアで、第1回大会からプログラムに組み込まれていました。実はこのレクリエーションがあったから、「監督が怒ってはいけない大会」になったのです。

すでにお話ししましたが、最初は、「益子直美カップ　小学生バレーボール大会」の開催が決まっていただけで、「監督が怒ってはいけない」というルールはありませんでした。

でも、私の中ではずっと「子どもたちが怒られているのを見たくない」という思いがありました。

当時すでに、将来の有望選手を発掘する青田買いが小学生にも広がっていて、全国大会の会場は空気がピリピリとしていました。「怒られるのがあたりまえ」の世界で、監督はこわいし、保護者さんも勝つことに目の色を変えている。なにより、プレーしている子どもたちが、まったく楽しそうじゃないのです。

せめて、私の大会ぐらいは子どもたちが心から楽しめる大会にしたい。

でも、「怒っちゃダメ」なんて、当時のバレー界ではあまりにもバカげた話です。「益子さん、何、言っちゃってんの?」と一蹴されてもおかしくない提案です。

まだ、第1回大会前は北川さんご夫妻とは3回程度会っただけでした。「監督に怒ってほしくない」なんて言って、どういう反応をされるのかわかりません。そのため、なかなか言葉にすることができなかったのです。

でも、大会の数週間前に送られてきた予定表を見ると、午前中に「遊び」と書いてある。

「うわ! なんだ、この午前中の遊びって!? おもしろそう!」

こんな素敵なプログラムを考える２人なら、私の思いを打ち明けても大丈夫なんじゃないか。私が願っていることと、北川さんたちがつくりたい大会のコンセプトは同じなのではないか――。

「『監督が怒ってはいけない』というルールでやりたいんだけど」

ドキドキしながら、思いきって伝えました。すると、北川さんと美陽子ちゃんは笑顔で「いいですね！」と即答してくれたのです。

開会式でスポーツマンシップセミナーを取り入れたのはここ数年ですが、レクリエーションを含め、午前中バレーボールの試合が始まるまでが、「監督が怒ってはいけない」の肝だといえるかもしれません。

北川さんはよくこう言います。

「真剣勝負に臨むと、どうしても顔がこわばってしまう。だからその前に、笑顔のウォーミングアップをしておかなきゃ！」

レクリエーションで子どもたちの心をほぐして、笑顔を引き出す。楽しい気持ちのまま、午後の試合に入ることで、自然と「真剣で楽しい」にチャレンジできるのだと思います。

## ○×クイズは「自分で選ぶ練習」です

「○×クイズ」をあえて説明する必要はないと思いますが、体育館の一方の壁に「○」の札を掲げた北川さんが立ち、逆側に「×」の札を掲げた美陽子ちゃんが立ちます。そして子どもたちが、クイズの正解だと思うほうに移動するゲームです。

**タッタタラッタ タッタラッタッタ タータタラッタタッタラッタッタ タタタ！ タタタ！**

口で『マンボNo.5』のリズムを唱えながら、シンキングタイムを演出します。わざと「○」と「×」の間を行ったりきたりする子がいれば、直前になって、考えを変えて猛ダッシュする子も。「アスリートには運も必要だからね！」。そう言いながら、子どもたちを煽ったりします。

この遊びの目的は、「○」と「×」の間を行ききしてダッシュをすることで体をほぐすことができるというのがひとつです。でも、それだけではありません。実は、「自分で選ぶ」練習にもなっているのです。問題を出しながら、「チームメイトについていくだけじゃダメだよ～」「自分で考えようね～」とアドバイスをします。実際、「〇」と「×」、どちらも選べず、観客席にいる親御さんを見て指示を仰ぐ子がいます。「まちがえることや失敗することに対して、過剰な恐怖があるのかな?」と思います。

でも、出題されるのは「益子直美の今朝の朝食はサラダである」など、他愛もないものです。まちがったところで、笑って終わるような話です。些細なことですが、こうしたゲームも、彼ら／彼女たちに「自分で選ぶ」経験になったらいいなと思っています。

「〇×クイズ」で、絶対に確実に盛り上がる鉄板の問題がひとつありました。それは、「〇〇監督（男性）のきょうのパンツの色は黒である」というものです。

この問題を読み上げると、必ず笑い声やどよめきが起こり、「えーー!」「わかるわけない～」といった叫び声も聞こえます。

男性の実行委員の方に監督の下着の色を確認してもらい、正解を発表していたのですが……2023年になり、この問題を封印することにしました。

けして、いいことではないと承知していたものの、ネタとして盛り上がるため採用してきました。でも、男性監督だからといって身につけている下着のことを話題にするのは、やはりコンプライアンス的に問題です。

監督さんたちに「怒ってはいけない」とお願いしておきながら、運営が〝昭和〟を引きずるわけにはいきません。新たな盛り上がる質問はないか、北川さんや美陽子ちゃんと考え中です。

## チーム対抗リレーはなぜか盛り上がります

午前中のレクリエーションでいちばん盛り上がるのが、「チーム対抗リレー」です。バトンの代わりにバレーボールを使い、バトンタッチは「手でボールを渡すこと」「投げてはダメ」というルールでリレーを行ないます。

ボールを抱えて走るのですら大変そうな低学年の子だって、体格が全然違う6年生に負けじと懸命に走ります。ボールを落として順位を落としてしまっても、あきらめる子はいません。大差をつけられ、1人で懸命に走る子には「がんばれー!」の声と拍手がみんなから送られます。


チーム対抗リレーは子どもたちにも評判がよく、「きょう、何がいちばん楽しかった?」と聞くと「リレー!」という声がたくさん聞かれます。

一方で、「リレーで見せた闘争心をバレーでも見せてくれたらいいのに」「リレーで1位を取れたのだから運動能力は高いはず。なのに、バレーでは積極性があまりみられなくて」という保護者さんがいます。

でも、思うのです。なぜ、リレーが楽しいのか? なぜ、リレーは真剣になれるのか?

それは、怒られないからです。

チーム対抗リレーはあくまでレクリエーションです。「何がなんでも1位を取るぞ!」とリレーの勝利にこだわる監督さんはいません。バトンを落としても、うまくコーナーを回れなくても、怒られることはありません。

「怒ってはいけない大会」では、「楽しく真剣」をめざしてチャレンジしてほしいと子どもたちに伝えています。どうしたら「楽しく真剣」になれるのかは、チーム対抗リレーにヒントがあるのかもしれません。

## 「リレー、もう1回やりたいです」

リレーにまつわる思い出で、忘れられないエピソードがあります。とても、うれしかったことです。

ある大会で、リレーで負けてしまった女の子が、私のところにやって来て、「リレーをもう1回やりたいんですけど」と直訴したことがありました。相当、悔しかったのでしょう。そんなふうに主体的に言ってくる子は初めてで、真剣な表情だったので、これはむげにできないなと思いました。

「ちょっと待ってね」と言い、実行委員会の方に全体の進行状況を確認すると、そのあとに予定していたプログラムを中止すれば、全体に影響はないとの判断でした。実行委員会のみなさんも、「いいですよ。リレー、もう1回やりましょう！」と言ってくれました。

きっと、喜んでくれるだろうと女の子のもとへ戻り、「大丈夫になったから、リレーもう1回、やろう！」と伝えたのですが……なんと、当の女の子のチームメイトは「やりたくない」と言うのです。

そこで、改めて聞きました。

「みんな、『やりたくない』って言っているよ。どうする？」

すると、その女の子は一瞬考え、チームメイトに向かって言いました。

「どうしてももう1回、リレーをやりたいので、いっしょにやってください」

頭を下げて、お願いしたのです。すると、チームメイトはみんな、「わかった！」「いいよ！　やろう！」って。

驚きました。私のところに1人でやってきて、自分の本気の思いを伝え、そして、そのためにチームのみんなにお願いをする。チームメイトもその子の気持ちを受けとめる。心からすごいなって思いました。

そしてもうひとつ、うれしかったのは、プログラムの変更を実行委員のみなさんが快く受け入れてくれたことです。

普通の大会であれば、スケジュールの進行がなにより優先されます。たった1人の子の負けた悔しさに応えることなどしないでしょう。「負けて悔しいのはみんな同じ」「それも経験」ですませるような話です。

でも、私は小さな女の子の中に生まれた〝芽〟を消したくありませんでした。そんな私の思いを、「怒ってはいけない大会」を支えるみなさんが応えてくれています。

そもそも、北川さん夫妻は子どもたちが楽しめることであれば、けして「ダメ」とは言いません。

「いいですね！」

「やりましょう！」

その言葉は第1回大会から聞いているように思います。

プログラムや予定を臨機応変に変えられるのは、「子どもたちの笑顔がいちばん」「子どもたちが楽しむため」という軸がこのイベントにあるからです。「監督が怒ってはいけない大会」の理念の筆頭に挙げた思いはぶれずに、細部にも貫かれています。

山口大会

山口大会

広島大会

smile×Bond 2023

長野大会

# 試合、始まります

広島大会

# 子どもたちの笑顔をただひたすら見つめます

午前中のレクリエーションで子どもたちの心と体があたたまったら、お昼休憩をはさんで試合です。細かな競技内容は参加チームの数や会場の広さ、大会日数によってそれぞれですが、試合はトーナメントではなくグループに分かれてのリーグ戦で行ないます。

試合が始まると、私は監督さんや保護者さん、子どもたちに声をかけたり、かけられたりしながら、会場をうろうろします。同じく北川さんも指導者さんや運営の保護者の方とおしゃべりをしながら情報を収集します。

一方の美陽子ちゃんはＴシャツの売り子をしつつ、体育館内に入っては、線審や点示（得点係）をする子に声をかけ、子どもたちの様子をうかがいをます。

私たちが見ているのは、子どもたちの表情です。ひたすら見つめます。楽しそうに笑顔でプレーしていたら、心配はありません。「私の出番かな」と思うのは、子どもたちがちらちらと監督の様子を気にしていたり、ミスした瞬間、「はっ」とベンチのほうをうかがったりするときです。

何気なさを装いベンチに入り、監督の隣に座ります。背もたれに上半身をあずけ、足を組んで威圧感をこれでもかと放っている監督さんの膝をポンポンと叩きます。「怒ってはいけない大会」に出てきてくださった監督だから、ひと声かければ、ほとんどの方は「ああ、そうか」と気づき、意識的にチャレンジしてくれます。

監督と私、2人がベンチでにこにこしながら座っているだけで、コートの子どもたちの表情は和らいでいきます。

●

山口大会

長野大会

山口大会

# ベテラン監督も挑戦してくれました

今でもよく覚えているのは、ある大会に参加してくれた70歳のベテラン監督です。怒る指導を何十年もしてきた名物監督で、大会の朝、「きょう、俺は黙る！　俺がするのは黙るチャレンジだ！」と頑なさを隠そうともしませんでした。

本当に、とにかくこわいんです。でも、この監督については事前に情報が入っていたので、アプローチしないわけにはいきません。おそるおそる近づいて、言いました。

「黙るだけじゃなくって、きょうは選手をほめるチャレンジをしませんか」

「そんなことはしたことがない！」「できない！」と、にべもありません。

内心、「ええ～」と思いながら、でも、「ここはがんばりどころだ」と、ベンチで隣に座り、「いっしょにチャレンジしますので、やってみましょう」とお願いしたのです。そして、試合中、コートでプレーする選手１人ずつ、いいとこ探しを始めてみることにしました。

「あの子はどうですか？」

「スパイクがようやく打てるようになったばかりでまだまだ、全然ダメだよ」

そんな感じでしたが、私も粘ります。

「でも監督は、あの子がバレーを始めたときから見てるんですよね」

「そうだ」

「最初は、スパイクなんて、全然、できなかったんじゃないですか？」

「まあ、それはそうだけど……」

「あ！　今、いいスパイク、決まりましたよ！　あんなに上手に打てるようになったのはどうしてですか？」


すると、監督はこう語り出したのです。

「いやー、あの子はずっと助走が悪くてね。ほら、最後の一歩が小さくなっちゃうと、タイミングが合わなくなるだろ。そのクセがなかなか抜けなかったんだよ。でも、わかってきたのかなあ、最近になってすごくよくなった」

「ほら！　いいところあるじゃないですか！」

こうしたやりとりを1人ずつ行ない、試合中にすべての選手のいいところを聞き出すことができました。

「監督、これみんなに伝えましょうよ！　すごいですよ」

「そんなの無理だ」「できない」と言ってはいましたが、「大丈夫です！　私、お手伝いします！」と食い下がりました。

いつ怒鳴られるか、私もずっとびくびくしていましたが、試合が終わるころには監督の表情はやわらいでいたので、もう大丈夫だろうと感じていました。そして、試合終了後、子どもたちを集めたのです。

「みんな！　試合中にね、監督からみんなのいいところをひとつずつ聞いたよ。すごいよ！」

子どもたちは、「うそだ！」「いいところなんてないもん」と口々に言います。これまでほめられたことがないので、自分たちのよさをまったく信じられないのです。

「ちゃんとあるんだよ。今から言ってもらうよ。監督！　じゃあ、1人ずつ、さっきのお願いします！」

監督は観念したように、

「＊＊ちゃん、助走が本当によくなった。スパイクが決まるようになったのはそのためだよ」

「＊＊は、サーブが上達したな。いっぱい練習した、その成果が今出てるんだ。すごいぞ」

こうして、選手1人ずつほめていきました。そのたびに子どもたちからは「ワーッ！」と歓声と拍手が上がり、キラキラとした笑顔が浮かびました。

でも、にこにこ顔の選手たちのかたわらには1人、ずっとうつむいている子がいました。ベンチで応援していた子です。「私は下手だし、ほめられるとこなんてない」「私だけ何も言われないのだろう」と思っていたのでしょう。

しかし最後、監督がその子に向かって言いました。

「＊＊ちゃんの笑顔がすごくいい。みんなが明るい気持ちになれる。ベンチからみんなに勇気を与えているんだよ」

その子は、声を出して泣きました。おそらくまだバレーを始めたばかりで、できるのは球拾いくらいです。なかなかうまくならないし、監督はこわいし、「もう、バレー、やめちゃおうかな」と思っていたのかもしれません。

でも、監督に認めてもらえた。監督は自分を見ていてくれた。うれし涙はなかなか止まらず、周りで見ていた保護者さんたちの目にも涙が浮かんでいました。

子どもたちに対し、私からほめることもできます。でも、日々、指導をしている指導者の言葉以上に、「本当に認められた」「やってきたことはまちがってなかった」「これからもがんばっていいんだ」という実感を与えることはできません。

当然ですが、怒る指導をする監督さんも、ちゃんと子どもたちを見ていて成長を知っているんです。でも、ネガティブな思考が先に立ち、できたことよりも、できなかったことにフォーカスしてしまうクセがついてしまっているのです。

人間の脳は、もともと命に関わるような危険を敏感に察知するため、ネガティブに傾くようになっています。脳の仕組みだからしかたがない面もあります。でも、「よりよくしてあげよう」という気持ちが「ダメなところを指摘して直す」というアプローチ一辺倒になってしまうのは、あまりに残念だと思います。

70歳の監督さんの大チャレンジでした。本当に感謝です。

その監督さんのチャレンジに感動し、「監督が怒ってはいけない大会」でもっとも栄誉のある「スマイル監督賞」を差し上げました。

山口大会

山口大会

# 何かできること、あるかな？

試合中、ミスが続いて、ベンチにいる監督のイライラが伝わり、コート内のメンバーどうし目を合わせず声も出なくなることがあります。ゲームの流れがあきらかに悪くなったときは、私からタイムを取らせてもらいます。

子どもたちの円陣の中に入って、声をかけます。

「何かできること、あるかな？」

私は話し合うきっかけをつくるだけ。考えるのは自分たちです。みんな真剣な眼差しで私を見つめています。

「チームプレー！」

「声を出そう」

「サーブ！」

少し促すだけで、子どもたちから意見がどんどん出てきます。みんな前のめりになり、けわしかった顔も穏やかになっていきます。子どもたちは答えをもっているのです。

でも、監督から「何してるんだ!?」と、怒鳴りながら聞かれたら、口を閉ざすしかなくなります。ミスすると怒られるわけですから、「ミス＝悪」という感覚になりますが、ミスはチャレンジした結果でもあります。

そもそも、ミスをしてしまう原因は必ずあります。ミスには理由があるんです。ポジションが悪かった。フォームが悪かった。コースが違っていた。相手がめっちゃいいプレーをした、ということだってあります。

みんなで話し合って、原因を見つけて、修正していくことが大切であって、ミスしたときこそ成長のチャンスです。でも、そのせっかくのチャンスを生かせなくさせているのが、監督の不機嫌さや叱責なのです。

ポジティブフィードバックは、とても大事な作業です。とくに、負けたときほど重要です。私も美陽子ちゃんも「負けて怒られる」という経験を数えきれないほどしてきました。負けたら怒られるというのが擦り込まれると、どうなるかわかりますか？

「自分なんか絶対に勝てない！　無理だ！」と思ってしまうのです。

高校時代、大林素子さんがいた八王子実践高校にいつもいつも負けていました。負けてはぶたれていたので、気持ち的には緑のユニフォームを見ただけで、1セット先取されている気分でした。一度だけ、勝ったことがあったのですが、喜ぶよりも先に、「まぐれ」「奇跡」と思ったほどです。

負けたときに、指導者がどれだけ「できたこと」にフォーカスし、よかったことをほめて、認めてあげられるかで、選手の気持ちは大きく変わります。「次、修正してがんばれば、できるかも！」という自分に対する期待、「次は絶対に勝ちたい！」という意欲をもたせてあげてほしいと思います。「負けたときこそ、ポジティブフィードバッグを！」です。

## 子どもたちに監督のチャレンジが伝わりました

得点板の裏で、美陽子ちゃんと観戦をしていると、3人の女の子が私のところにやってきました。

「監督が怒りかけたんだよ。『セーフ！　セーフ！』とか自分で言ってたけど！」

「監督にバッテンマスク、つけてほしい！」

「ふだんから怒るの？」と聞くと、「めっちゃ、怒る」との返事です。ふだんの練習ではちょっとしたミスや失敗をすると怒られているけれど、「きょうはいつもよりマシ」。きょうは試合中、「やった！」と喜んだり、応援したりしてくれているとのことでした。監督はチャレンジしているものの、子どもたちとしては不満だったようです。

このチームは1勝もできておらず、最後の試合はベンチに入って応援することにしました。タイムアウトのときには私から声かけもしたのですが、残念ながら勝つことはできませんでした。

でも、声も出ていたし、最後まであきらめることなく、前向きにボールを追いかける姿が見られました。試合終了後、子どもたちを前に監督に聞きました。

「監督、どうでしたか？」

「OK、OK！　あきらめずにやれたから最高。まあ、勝ちたかったけどな」

続いて、みんなに聞きました。

「勝つためには何が必要だろう?」

「サーブ!」「声かけ!」と答える子どもたちのあとに、監督がこう言いました。

「笑顔!」

その言葉を聞いて、改めて子どもたちに尋ねました。

「さっき、このマスクが必要なんじゃないかって言っていたけど、どうかな?」

子どもたちは口々に言いました。

「いらなーい」「捨ててください!」

子どもたちにも、監督のチャレンジが伝わったようです。

## ベンチに下げられたエースの隣に座りました

監督ではなく選手が怒ってしまうこともあります。たまたま、そのチームのベンチに入って見ていた試合で、エースがイライラを爆発させてしまったことがありました。

その子はキャプテンで、チームの中でずば抜けて背が高く、技術的にも突出していました。でも、チームじたいは低学年の子が多いこともあって、キャプテンの子がイメージするような試合運びができないでいたのです。

チームメイトのレシーブミスが続いて、失点が重なってイライラ。

なんとか上がったトスを打っても、スパイクが決まらずイライラ。

イライラするから、なんでもないボールの処理も失敗してしまってイライラ。

興奮して感情を抑えきれない状態になり、監督の指示でベンチに下げられてしまいました。チームメイトだけでなく自分に対する腹立たしさと悔しさで涙があふれ、どうしようもない様子でした。

「感情がね、出ちゃうのはしょうがないよ」

「落ち着いて、声を出せるようになったら応援してあげよ」

そう声をかけて、体育座りをするその子の隣に座りました。

彼はコクリとうなずき、しばらくうつむいていましたが、ほどなく顔を上げ、じっとコートを見つめていました。

こういうときに、「冷静になれ！」と怒ってもまったく意味はありませんし、逆効果です。「ああしなさい」「こうしなさい」といったアドバイスも必要ありません。待ってあげるのがいちばんかなと思っています。

大会ごと、実行委員会のみなさんのアイデアで、アレンジしたり工夫をしたりしているのですが、2023年9月に開催した藤沢大会ではなんと、「監督がベンチに入らない」というルールで行ないました。

藤沢大会は、福岡大会の次に長く続いている大会です。運営スタッフから「監督をベンチに入れず、子どもたちに任せてみてはどうか」という提案があったのです。

事前の監督会議では、「子どもにすべてを任せるのは危ないのではないか」といった意見もあったようですが、最終的には「どんな気づきがあるかもわからないから、安全に十分配慮をしながら、とりあえずやってみよう」ということになりました。

そして、どうなったかというと……めちゃめちゃおもしろい大会になりました。

試合中、落ち着かない様子で2階席からジッーとチームの試合を見ている監督がいたり、直前練習までいっしょにいて名残り惜しそうに立ち去る監督がいたり。

そして、やっぱりおもしろかったのが、子どもたちです。

監督がベンチに入らないということは、コートの中でプレイをしながら自分たちでタイムをとったり、メンバーチェンジをしたりしなくてはいけません。実際、かなり大変です。そこで、試合開始の直前、円陣の中に入ってキャプテンに聞いてみました。

「タイムとか、メンバーチェンジは大丈夫？　自分たちでとるんだよ」

すると、「大丈夫です！　10点になったら一度、タイムをとって、15点になったらメンバーチェンジをするって、決めました！」と元気に答えてくれました。

試合終了後、「どうだった？」と聞くと、「全然できませんでした……」との返事。

「あたふたしちゃって、プレーに集中できませんでした」

私が「そっか。じゃあ、次の試合はどうしようか？」と聞くと、キャプテンはこう言いました。

「決まりごとが多すぎたのがよくなかったと思うので、次は流れでやってみます！」

やってみてダメだったら、原因を考えて別の方法でやってみる。トライアル&エラーが成長を促すということを目の当たりにした大会になりました。

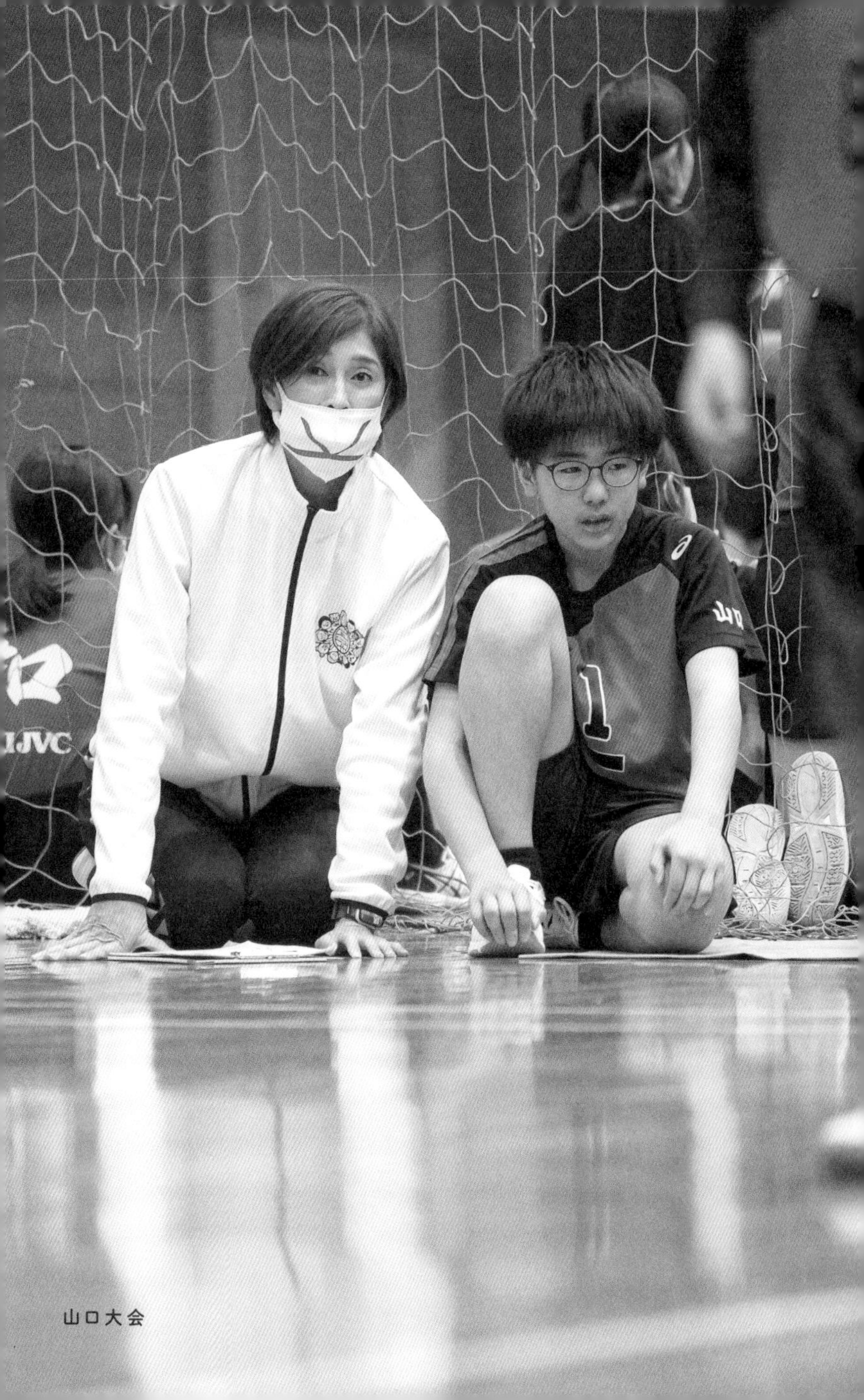

山口大会

asics

長野大会

広島大会

山口大会

MASUKO NAOMI CUP
smile×Bond 2023
大会関係者
MASUKO NAOMI CUP
smile×Bond 2023

長野大会

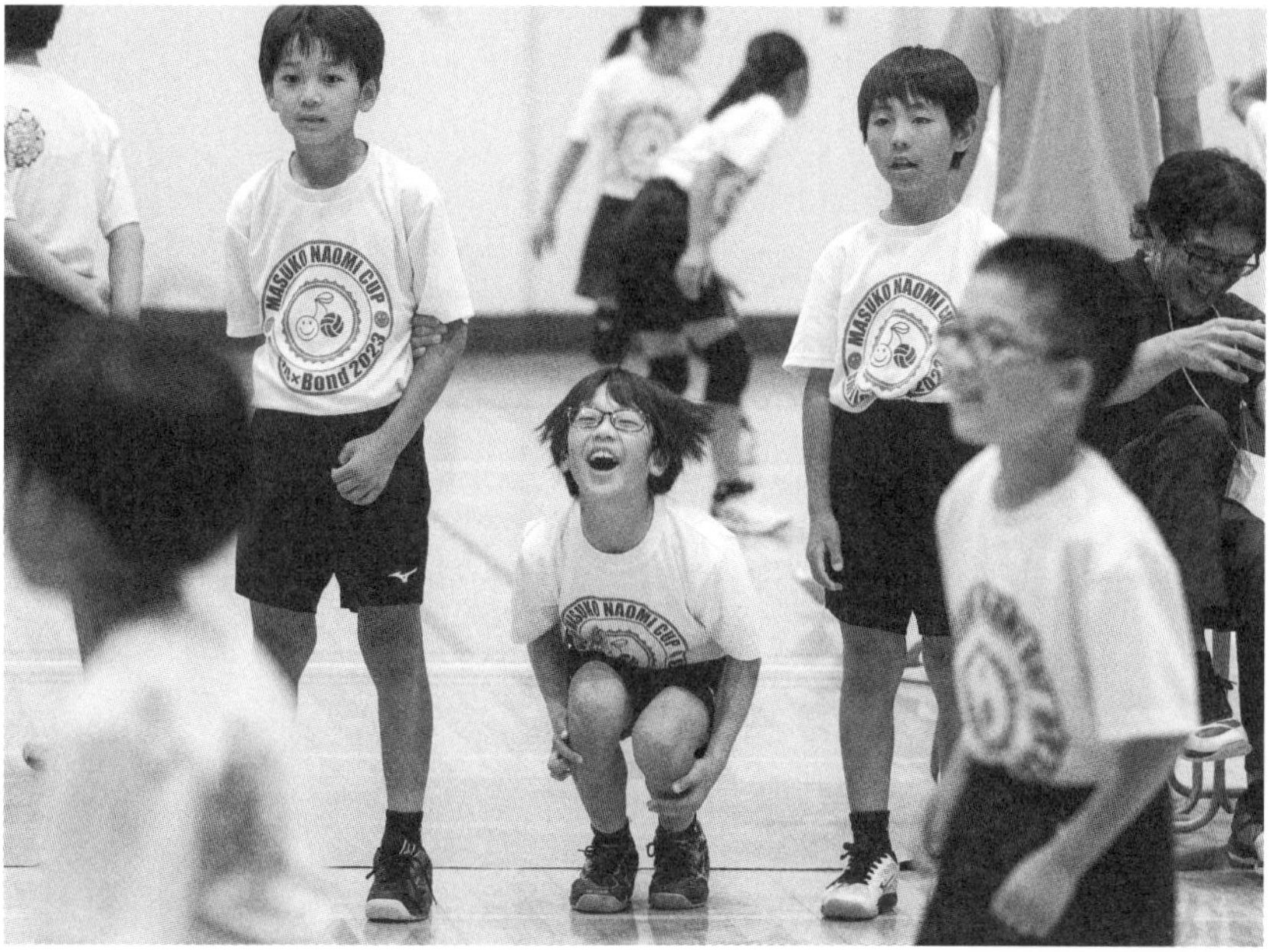


広島大会

# 怒る指導で失われるものは何ですか？

大会に参加してくれた子どもたちから、お手紙をいただくことがあります。

その中に、こんなメッセージがありました。

「いつもは怒られると思って、ギリギリのボールはとりにいかないのですが、『監督が怒ってはいけない大会』でやってみたらとれました」

ギリギリのボールは、はなっからあきらめて「そもそもとれないボール」にしておけば、「しかたがなかった」になります。でも、がんばってとりにいって、手に当てられたけれど上に上がらなければ「ミス」になります。

「ミスに対して怒る」ことが日常になっていると、怒られないためにチャレンジをしないことが合理的な選択になるのは当然です。

**自主性・主体性**
**自信**

**チャレンジ精神**
**学ぶきっかけ**
**笑顔**

「怒ってはいけない大会」で大切にしていることですが、言い換えると、これらは怒る指導によって失われるものです。その典型が私です。

私はアニメの『アタックNo.1』に憧れて、小学校のときにバレーボールを始めました。でも、ずっと怒られてばかりで、まったく楽しいと思えませんでした。

中学生のとき、全国の選抜チームに選ばれ、そこでは監督からたまにほめられることがありました。でも、それまでほめられたことがいっさいなかった私は「そんなこと言っているけど、ウソだ！」と素直によろこぶことができなくなっていました。

その選抜チームが台湾遠征する機会があったのですが、私は「辞退」することを選びました。「せっかくのチャンス」「いい経験になる」と言われても、無理だったのです。こわすぎて。勝たなければいけない舞台に立ち、失敗したらまた叩かれる。目立つのも、勝負をするのも嫌だったのです。

## 私は「空っぽ」でした

チャレンジをしないで、怒られる機会をできるだけなくす。「壁があったらよける」というのが私の行動基準になっていました。それは高校時代も続きます。「おまえはデカいだけ!」「エースの資格なんかない!」と否定され、ミスをすれば殴られ、くらったビンタは最高で往復21連発……そんな日々でしたから、さらに萎縮してしまいます。

高校時代、「絶対的エース」と言われ、監督からは「全部、益子に上げろ」という指示が出ていました。トスが上がったら打つ。トスが上がったら打つ。こわすぎて弱音も吐けず、ただがむしゃらに、目の前のことをやりすごしていました。

自分で考えてチャレンジしているわけではないので自信がもてず、ただただ、怒られないように指示に従うだけ。自分の意思というものがありませんでした。ジャンピングサーブやバックアタックだって、今だから打ち明けると、コーチに「やれ」と言われたからやっただけです。

試合は大嫌いだったけれど、練習は好きでした。高校時代、お昼休みに自分でボールを上げてネットに向かってジャンプをして、スパイクを打つという自主練習をしていました。

それを見たコーチから、「アタックラインを踏まないように打ってみろ」「もう少し後ろから打ってみろ」「エンドラインを踏まないように打ってみろ」と言われてやってみたらできて、「おまえ、明日から、そのサーブな」って言われたのです。

私の十八番のように言われたジャンピングサーブやバックアタックも、自分から「やってみたい！」と思ってチャレンジした結果ではないのです。

春高バレーで準優勝したときも、メダルをかけてもらった閉会式、暗い顔をして、優勝者をたたえるどころか、準優勝を喜ぶこともできず、「ダメだった」「閉会式が終わらないで」と祈っていました。閉会式が終わったら怒られる……その恐怖しかなかったからです。

good looser——スポーツマンシップとはほど遠い、とてもかっこ悪い選手でした。

実業団に入って怒られることも殴られることもなくなりましたが、真逆の悩みを抱えます。「自主性や主体性が大切」「楽しめ」と言われても、どうしていいのかがわからないのです。「指導者から言われたことをやるバレー」しか知らないので、自分に何が必要なのか、何をすればうまくなるのか、何も考えられませんでした。

あいかわらず自信はないままです。自分にトスが上がるのがこわくてこわくて、セッターに打ち明けて、「トスを上げないで」サインを決めたこともありました（実際に試合で使うことはありませんでしたが）。

「試合がなくなればいい」

「いっそ、ケガをしたい」

そんなことを、ずっと思っていました。

「私は空っぽだ」

そう思っていました。自信がもてず、メンタルが弱い自分が嫌い。バレーボールも大嫌い。早く辞めたい。そう思って引退を目標にバレーをやっていたけれど、それを口にすることもできない。やめたところで、自分にはバレーボールしかないということもわかっていたからです。

引退して会社に入ってもパソコンはできないし、接客の作法も知らない。社会人としての常識なんてわからない。怒られる恐怖は引退後の不安と絶望にすり替わっていました。「やめたい」と思いながら、バレーボールにしがみついていたのです。

楽しみながらがんばることを知り、ほめられて自己肯定感を育むことは、子どもの成長に不可欠です。とくに小学生のあいだは「スポーツって楽しい！」「バレーボールっておもしろい！」と感じられるのがいちばん大切です。

大会に参加したある保護者さんから、こんな手紙をいただいたことがあります。

「最初、『うちのチームが参加する大会に益子直美が来る！』って保護者の間で広まって、盛り上がりました。でも、『怒ってはいけない』というルールについては、正直、『スポーツは怒られてなんぼでしょう』って思いました。周りの保護者さんとも『なんで、怒っちゃいけないんだろうね』と話していたほどです。そのとき、うちの子どもは4年生で、監督に多少、何かを言われてもにこにこ笑って、楽しそうにプレーしていたからです。

でも、6年生になったとたん、子どもの笑顔がなくなりました。まったく楽しそうじゃないし、練習にも行きたくないようです。自分の子どもがそうなってはじめて、益子さんたちのやっている活動の意味がわかりました」

幸い、この子は中学生になった今もバレーボールを続けているそうですが、怒る指導によってバレーボールから離れてしまう子どもは少なくありません。大好きだったバレーボールが大嫌いになってしまうのは、とても残念で、悲しいことです。

## 真のスポーツマン「ヒーローズ」参上！

「アスリートの力って本当にすごい」

そう実感したのは、2023年6月に行われた第1回広島大会でした。この大会には、日本財団が運営する「HEROs Sportsmanship for the future（HEROs）」プロジェクトを通じて、なんと9人ものトップアスリートが大会に参加してくれたのです。

「HEROs」（ヒーローズ）はアスリートの社会貢献活動を推進して、社会課題解決への取り組みの輪を広げていこうというプロジェクトで、来てくださった方々はそれぞれ問題意識をもって活動している正真正銘のスポーツマンです。

この日、参加してくださったのは、次の方々です。

・萩原智子さん（元競泳日本代表）
・根木慎志さん（元車いすバスケットボール日本代表）
・生山裕人さん（元プロ野球選手）
・宇山賢さん（元フェンシング日本代表）
・小池美月さん（元テニス選手）
・杉本一樹さん（元空手日本代表）
・杉山美紗さん（元アーティスティックスイマー）
・竹村幸さん（元競泳日本代表）
・久光邦明さん（元プロフットサル選手）
・間野義之（HEROs AWARD 審査委員長／早稲田大学教授）

すごくないですか？　このメンバー。

この日は、1チームに1人ずつついてもらいました。それぞれの競技の世界でさまざまな活動をされているみなさんですから、子どもたちとの触れ合い方が本当に上手です。子どもたちの目線で話しかけ、投げかけられる質問には笑顔で答え、秒で子どもたちの心をつかんでいきます。あるアスリートの手を両手でつかみ、離さない子もいました。試合中、得点が決まればコートに入って子どもたちといっしょに喜び、流れが悪くなると誰よりも大きな声を出して励まします。そんなヒーローズの全力を目の当たりにしたら、強面の監督だって円陣の中に入り、子どもたちとハイタッチをするしかありません。

休憩時間も子どもたちといっしょにバレーボールをしたり、得意のバック転を見せたりしてました。こちらからは「チームについてください」とお願いしただけなのに、ご自身で判断され、子どものために動いてくれるのですから、さすがです。

スポーツマンシップセミナーで「スポーツマンってどんな人?」という質問に、「人のために何かできる人!」と答える子がいますが、まさにヒーローズは、プレーが上手なだけではなく、人との接し方やふるまいに思いやりがあり、誰かのために自ら動けるスポーツマン。スポーツマンシップを体現した人たちが目の前にいるわけですから、子どもたちにとって、これほどの学びはありません。

この日、参加したチームの保護者さんは、こんなことを言っていました。

「ヒーローズのみなさんが子どもたちといっしょに喜んでくれて。その姿を見て、監督さんもほめ方や喜び方がわかったのではないかと思います」

また、子どもたちからはこんな言葉が聞かれました。

「きょうは大人が喜んでいたのが、うれしかったです」

私自身、大人が笑顔で楽しむことの大切さを再確認しました。「神回」と言ってもいいすばらしい大会になりました。

この広島大会以降、タイミングが合うとヒーローズのメンバーが大会に来てくれています。彼ら／彼女たちがそれぞれの競技の世界に戻って、「怒ってはいけない大会」の理念を広げてくれているのは本当にうれしいですし、心強いです。

そしてなにより、ヒーローズがいてくれると……私が楽なのです。年齢もあって2日間の大会はそろそろ体力的にしんどくなってきました。ヒーローズにいちばん助けられているのは私なのかもしれません。

1

2

3

4

8

5

9

6

1・生山裕人さん　6・久光邦明さん

2・萩原智子さん　7・杉本一樹さん

3・竹村幸さん　8・杉山美紗さん

4・宇山賢さん　9・小池美月さん

5・根木慎志さん

7

MASUKO NAOMI CUP

監督が怒ってはいけない大会
MASUKO NAOMI CUP
MASUKO NAOMI CUP
MASUKO NAOMI CUP

広島大会

# 試合のあとで

広島大会

# 監督のチャレンジに、感謝とリスペクトを捧げます

すべての試合が終わると、閉会式です。開会式と同じように整列してもらうのですが、心なしか、子どもたちは朝よりもリラックスしているように見えます。「楽しかった人？」と尋ね、「めっちゃ楽しかった！」の返事が聞こえると、私もめっちゃうれしくなります。

閉会式では各種の表彰を行ないます。どんな賞を設けるかは実行委員のアイデアもあるので、大会によって多少、異なります。メガホンを使ったすばらしい応援に感動し、保護者さんに「応援団賞」を贈ることがあれば、励ましの声かけがすばらしかった子に「スポーツマンシップ賞」を表彰したこともあります。

さまざまな賞がある中で、「監督が怒ってはいけない大会」でもっとも栄誉ある賞は「ベストスマイル賞」「ベストスマイル監督賞」です。この受賞者にだけ、蛍光ピンクのTシャツが贈呈されます。

ベストスマイル賞は、コートに入ってプレーするレギュラーに限らず、大会を通じてもっとも笑顔が印象的だった子を選出します。応援をしている姿や球拾いの様子、審判をしているときのふるまいも評価の対象になります。

ベストスマイル賞を発表した瞬間、名前を呼ばれた当人は恥ずかしいのかよくわからないのかとまどっていて、チームメイトのほうがむしろ大喜びということがあります。

授賞式では表彰状とトロフィーを渡し、ピンクTシャツを着てもらって記念撮影です。一言、感想をもらいます。

「とてもうれしいです」

「とにかく笑顔で大きな声で応援することをがんばりました」

「監督はいつもどおりやさしくて。まあ、そんな感じ」

「もうちょっと、バレーをうまくなりたいです」

はにかみながらも、うれしそうな表情が浮かびます。

子どもたちがトロフィーを手に列に戻ると、チームメイトが「すごいね！」「よかったね！」と自分のことのように祝福しています。

そして、「ベストスマイル監督賞」は、子どもたちの笑顔を引き出せた監督、一生懸命、チャレンジしてくれた監督に贈ります。

ある大会で「ベストスマイル監督賞」を受賞した監督さんが、「子どもたちががんばってくれるから、私も盛り上げることができた。子どもたちにとらせてもらった賞です」とおっしゃいました。この監督の受賞を発表したとき、チームの子どもたちから大歓声があがりました。子どもたちも監督もいいチャレンジができたのだと確信できるうれしい瞬間です。

監督さんたちにとって、「監督が怒ってはいけない大会」はしんどい大会だと思います。保護者さんや子どもたちから「出たい！」と言われれば、断るわけにもいかず、内心、憂鬱だなと思いながら参加されている監督もいらっしゃるでしょう。

嫌われないように、親しみやすい雰囲気を出すよう意識しているのですが、私に近寄られると、「責められる」と感じる指導者さんもいるようです。

実際、私の目を絶対に見てくれない監督はいますし、私のことを避け続ける人もいます。なんとかお話しをしたいと思ってチャンスをうかがうのですが、すっと姿を消し、閉会式が終わるとあっという間にいなくなってしまうのです。それだけ、怒る監督さんにとって、私はうとましい存在なのだと思います。

それでも、多くの監督さんたちはチャレンジをしてくれます。子どもたちが笑顔でプレーできるのも、真剣に楽しめるのも、監督やコーチがこれまでやってこなかった声かけやベンチワークにトライしてくれるからです。閉会式では、そのチャレンジに対して心から感謝とリスペクトの言葉を贈ります。

長野大会

長野大会

広島大会

長野大会

山口大会

監督が
怒ってはいけない
大会
一般社団法人
監督が怒っ

# アンガーマネジメント
# セミナー、始まります

益子さん、アンガーマネジメント入門講座を始めます
山口大会

# 「怒り」は、なくすことはできません

「監督が怒ってはいけない大会」を始めたものの、正直言えば、「本当に怒ってはいけないのだろうか?」「小学生はともかく、上をめざすならやはり、指導に怒りは必要なのではないか?」と、そんな迷いがありました。当初は「監督が怒ってはいけない」大会を主催しているのに、怒りについて何も知らなかったのです。

それでも、1、2年くらいは「怒ってはいけない」と言うだけで、なんとなく受け入れてもらえました。でも、3年目になると「怒ってはいけないのはわかるけど、じゃあ、どうすればいいんですか?」「なんで、怒ってはいけないの?」と聞かれるようになったのです。

当然の質問だと思います。その問いと、きちんと向き合わなくてはいけないと、日本アンガーマネジメント協会認定の講習を2019年に受講し、アンガーマネジメントファシリテーターとアンガーマネジメントキッズインストラクター、中高生向けのアンガーマネジメントティーンインストラクターの資格をとりました。

そして、大会の中にアンガーマネジメントセミナーを取り入れたのです。

スケジュールの都合上、多くの場合、表彰式が終わって各チームが撤収作業に入ったタイミングで、監督やコーチなど指導者さんを集めてお話しします。都合がつけば、大会前夜にセミナーを行ない、学んだことを翌日の試合に生かしてもらうということもできます。

アンガーマネージメントは1970年代、アメリカで生まれた「怒り」の感情と上手につきあうための心理トレーニングです。

「アンガーマネジメントを知ると怒りがなくなる」と勘違いされている方がいますが、そうではありません。怒りは人間が必ずもっている喜怒哀楽の感情のひとつで、怒りがまったくないという人はいないし、なくすことは不可能です。

アンガーマネジメントは、怒りをなくすのではなく、怒る必要があるときは上手に怒り、怒る必要のないことは怒らないと、適切に「マネジメント」するためのものです。

怒りの種類やメカニズム、コントロール方法を知り、

**・怒るべきことと、怒るべきではないことをしっかり自分の中で線引きできること**

**・怒りで後悔しないように自分でコントロールすること**
**・どういう状況で怒ってしまうのか。自らの怒りのクセを知ること**

をめざします。

アンガーマネジメントを学んで、私自身、本当によかったと思っています。実は私はとても怒りっぽい人間で、激昂するとモノに当たる、悪い怒り方をするタイプの人間だったからです。

セミナーでもお話ししている恥ずかしいエピソードを紹介すると……。

私と夫はニンテンドーDSが大好きで、『マリオカートDS』にハマっていた時期がありました。夫もアスリートで、お互い超がつく負けず嫌いです。私はずっと夫に勝てず、こっそり練習を重ねていました。その日も夫婦で対戦です。私は隠れて行なった特訓の成果か、とても調子がよく、夫を抜き、徐々に引き離していきました。

「きょうはイケる！　勝てる！」

その瞬間、画面が真っ暗になり、「通信が切断されました」というメッセージが現れました。

夫が電源を切ったのです。

いくら負けたくないからって、電源を切るなんてスポーツマンにあるまじき行為です。でも、私も私でブチギレて、気づくと手にしていたDSをバキッと折っていました。

後悔先に立たず——。「後悔しないようになる」「取り返しのつかないことにつながない」というのが、アンガーマネジメントセミナーの狙いのひとつです。

ある監督さんが「感情的に怒ってしまった日、家に帰ってから『あんなこと言わなければよかった』『あの子、明日、来てくれるかな』と心配になる」と、静かに打ち明けてくれたことがありました。

アンガーマネジメント的には、「怒ってスッキリする」「怒るのがストレス発散」というのは「問題のある悪習慣」とされ、絶対にやってはいけないとされていますが、怒ってしまった自己嫌悪にさいなまれるのもつらいものです。

アンガーマネジメントでは怒りが生まれてしまったあとの、具体的な対処方法もあります。こうしたテクニックを含め、怒りについてお伝えすることで、指導者さんの参考になればと思っています。

# 「怒り」には、生まれるメカニズムがあります

怒りはどうやって生まれるのか？　それは「〜すべき」という強い価値観が破られたときに怒りが発生すると考えられています。

怒らせたのが「誰か」ではなく、腹が立った「出来事」がどうかではないのです。

自分の中に、「女性（男性）はこうあるべき」「妻（夫）はこうあるべき」「子どもならこうあるべき」といった強い価値観があり、それが思ったとおりにならなかったときに怒りが生まれるのです。

**エースはスパイクを決めるべき**（なのに、ミスをした）

**サーブレシーブはていねいにあげるべき**（なのに、とれなかった）

**チームとして勝利をあげるべき**（なのに、負けた）

指導者さんには思いあたることがあるのではないでしょうか？

そして、怒りに火がついたとき、マイナスな感情を抱えていると、怒りの炎はさらに燃えたぎります。マイナスな感情や状況が、怒りの炎を燃え上がらせる〝ガス〟の役割を果たすのです。

「仕事で嫌なことがあった」といったメンタル面もそうですが、寝不足や疲労感、空腹だって、怒りを燃え上がらせる〝ガス〟になります。このガスがたんまりあると、怒りの炎は大きくなるし、このガスが少ないと、怒りも小火（ぼや）程度ですみます。

監督やコーチはもちろん、保護者のみなさんもこのガスをなるべく減らす生活を意識してほしいとお話ししています。練習・練習・練習……ばかりではなく、プライベートを充実させて、バレー以外の生活でちゃんとリフレッシュする。食事も睡眠もしっかりとる。ネガティブな状態・感情といったガスが満タンの状態で子どもたちの前には出ない、ということが大事なのだと思います。

大会のあと、「きょう、1日やってみてどうでしたか？」とひとりの監督に尋ねたら、「いや〜もう、怒るのをがまんするのって本当に疲れる」とおっしゃっていました。

でも本当は、「怒る」と疲れるのです。その逆で怒りをがまんするほうが疲れてしまうという人は、怒ることがストレス発散になってしまっている可能性があります。それはやっぱり気をつけてほしいと思います。子どもを自分のストレス発散に使うのは、絶対にしてはいけないことです。

と、こうしたお話をアンガーマネジメントセミナーでお伝えしています。

意外といっては失礼ですが、アンガーマネジメント講習は、きびしい指導をされてきたのだろうと推測されるベテラン監督さんが最前列に座り、熱心に話を聞いてくださることが少なくありません。その姿に、私はいつもたくさんの勇気をいただいています。

## みんな「変わる準備」はできてます

先日、ある県の小学生バレーボール連盟から依頼を受けて講演をしました。これまでいろいろな場所で講演をしてきましたが、この活動を始めてから、バレーボール関係の団体に呼ばれたのは初めてのことでした。うれしい半面、いつもとは比べものにならない緊張感がありました。

腕を組み、お手並拝見的な空気を醸している年配の指導者さんも少なくありません。会場の隅のほうには若い保護者さんがいて、「うん」「うん」とうなずきながら聞いてくれています。そんな保護者さんを心のよりどころに、1時間程度の講演を終えました。

その後の懇親会でのことです。70歳を超えたであろう監督さんが私のところにやってきて、お話をしてくれました。

「ふだん、怒る指導をしてるんですよ。もうダメだ、そういう時代ではない、とわかっているけれど、どうしてもほめることができない」

「長年、続けてきたけれど、年々、保護者さんとの年齢層が開いていって、話ができなくなってしまっている。これまでの指導法が通用しなくなって、でも、自分はやってきたことしかできない。変わることができない」

めちゃくちゃこわそうな先生だったのですが、心のうちを正直に明かしてくれました。そして、こう宣言もしてくれたのです。

「明日は試合があるので、益子さんがきょう、お話しされていたことを少しでも挑戦してみようと思います」

そのあと、50代前後の中堅どころの指導者さんが話しかけてくれ、やはり、こう言います。「怒ることしかできない」「どうやっても変われないんです」。

「監督が怒ってはいけない大会」を主催する私は、怒る指導を手放せない監督にとっては目の上のたんこぶです。でも、そんな私のところにやって来てくれたのです。

「私に声をかけて、正直にお話ししてくれたじゃないですか。変わる準備はできているはずです。何か小さなことでもいいですから、チャレンジをしてみてください」

そうお伝えしました。

監督はとても孤独です。私も3年ほどですが、大学の女子バレー部の監督を務めたことがあり、その孤独とプレッシャーを痛感しました。本当にどうしていいのかわからず、誰にも何も相談できず、メンタルを壊すところまで追い込まれたほどです。

私が指導していたのは大学生だから、悩みも不安もすべて打ち明けてもよかったはずです。

今となれば、なぜ、それができなかったのかと思います。

でも、そのときは「監督なのだから、しっかりしなきゃいけない」「毅然としているのが指導者だ」と思いこんでいました。

「監督はこうあるべき」という強い価値観が、私の中にすりこまれていて、それが、プレッシャーとなってのしかかり、押しつぶされてしまったのです。

小学生の監督やコーチも同じです。「監督が怒ってはいけない大会」で指導者のつながりが生まれ、監督の孤独がやわらぐといいなと思っています。

## 子どもたちの笑顔につながるかな？

「バレーボールは本当にむずかしいスポーツ」

誰が言っていたのかは忘れてしまいましたが、本当にそのとおりだと思います。バレーボールはとにかくやること、覚えることがたくさんです。

サーブ、レシーブ、トス、スパイクが基本のプレーですが、たとえばレシーブにしても、アンダーハンドレシーブがあればオーバーハンドレシーブがあり、攻撃のパターンによってフォーメーションが変わったりもします。

バレーが上達するために必要なことすべてを監督1人で教えるのは、本当に大変です。先ほど、怒りを炎上させる〝ガス〟についてお話ししましたが、監督がたった1人、すべてを背負うプレッシャーが、怒りを肥大させる〝ガス〟になってしまっていることもあるでしょう。

だとしたら、監督が孤独にならないよう、若いコーチを指導者としていっしょに、子どもたちの指導するといいのかもしれません。

「世界でいちばん貧しい大統領」として知られるウルグアイの第40代大統領、ホセ・ムヒカさんは、こんな言葉を残しています。

「真のリーダーとは、多くのことを成し遂げる者ではなく、自分をはるかに超えるような人材を育てる者だ」

真の名将は、選手だけではなく、次世代を担う指導者を育てられる方です。監督やコーチ、それぞれにそれぞれの思いや事情があるでしょう。でも、バレーボールの魅力を子どもたちに伝え、バレーボールを大好きな子どもたちを増やすことをいちばんに考えていただけるといいのかなと思っています。

「監督が怒ってはいけない大会」も、これまでいろいろありました。でも、ここまで続けてこられたのは、北川さんや美陽子ちゃんたちといっしょに掲げた「子どもたちが最大限に楽しむこと」という軸だけは、何があっても揺るがなかったからです。

何か迷ったら、「子どもたちは楽しめるだろうか?」「子どもたちの笑顔につながるだろうか?」と芯の部分に立ち返る。シンプルに考えると、答えは見つけやすくなります。

大会ではアンガーマネジメントなど、いろいろやっていますが、それはおまけにすぎません。ふだん、怒ってる監督さんがこの大会で「怒る以外の指導方法」に取り組み、怒らないと子どもたちがどうなるのかを見て、その変化——子どもたちの笑顔から気づいてほしい。その気づきの第一歩が、「監督が怒ってはいけない大会」なのです。

●

# 帰路につきます

山口大会

# みんな、ずっとバレーボールが好きでいてほしいな

帰りの飛行機や新幹線の時間があるため、大会終了後は実行委員の方にバタバタとごあいさつをして体育館をあとにします。帰路、スマホで撮影した写真を見返しながら、1日をふりかえります。

しんどい場面で人一倍声を出して、ミスした選手に駆け寄って、「大丈夫だよ」「できるよ」と励ましの声かけをかけ続ける子。

むずかしいボールがいっぱいきても、最後まで絶対にあきらめない子。

バレーを始めたばかりでうまくできなくて、1試合目で負けてしまって悔しくて泣いてしまった子が、次の試合、スパイクを決めて見せた笑顔。

きょうが人生で初めての試合。大きな声援を受けてサーブが入り、ベンチに戻ってきたときのニコニコ顔の子。

試合ごと、がんばった子に相手監督から贈られるキャンディレイをもらって、うれ

しそうに頬を赤らめ、「みんなでいっしょに食べます！」と言ったキャプテン。ダボダボのユニフォーム、パイプイスに座っても足が届かないような低学年の子たちが、フラッグを手に凛々しく線審をする姿や、先輩チームメイトに見守られながら点示をしている姿。

体育館の2階から響く、「できる！ できる！ ぜったいできる！」の応援。

私のところにチームで駆け寄ってきて、「県大会の出場が決まったんです！ がんばってきます！」と宣言してくれる子。

本当にいつも子どもたちに楽しませてもらい、励ましてもらい、癒されています。

みんな、ずっとバレーボールが好きでいてほしいな。

●

7みさお
NAOMI CUP

Smile×Bond 2023

長野大会

長野大会

監督が怒ってはいけない大会
Konami
Konami

# 第2章

# 「勝つことよりも大事なことがある」そんなチームのつくりかた

・

「バレーボールなんて大嫌い」なのに、
バレーボールチームを
つくりました。

北川美陽子

# バレーボールは大嫌いでした

私はバレーボールが嫌いでした。今でも自分がプレーするのは嫌いです。

私がバレーボールを始めたのは小学4年生のときでした。中学校では県のベスト3に入り、高校は福岡の名門と言われる高校に進みました。でも、高校時代は地獄でした。監督に怒られないよう、いつもビクビクしてました。ただただ言われたことをやるだけの日々でした。

監督と1対1で対峙し、ひたすら打ち込まれるボールを拾い続ける、通称「ワンマン」は倒れるまでやらされましたし、もちろん、殴られることも珍しくありません。

春高バレーへの出場を果たしても、まったくうれしくありませんでした。負けることは許されません。でも、どこかで必ず負けるわけで、そうなると夜中まで「しごき」と言えるような練習が続きます。

バレーボールなんて大嫌い。

早くやめたい。

そんな思いを抱えながらも、高校卒業後の進路はあたりまえのように実業団チームへと進みます。そこに私の意思はありませんでした。

「やめたいなら、やめればいいのに」と思いますよね？

不思議ですよね？　でも、やめられないんです。親や周囲は勝つとよろこんでくれるし、もはや、自分自身で考えて決めることができなくなっていました。

だから、今でも自分で決めること、自分の意見を言うことがとても苦手です。

## でも、バレーボールが助けてくれました

実業団でプレーして、引退後はテレビで試合を見ることも避けていました。バレーボールの経験者であることは周囲に隠してましたし、夫の北川新二さんに打ち明けたのも、結婚して数年たってからでした。

それが2009年、何かのきっかけでご近所に知られ、「バレーボールを教えてほ

しい」と頼まれ、ジュニアチームの指導を始めることになりました。自ら望んで始めたことではなかったけれど、バレーボールを通じたつながりやチームの子どもたちの存在が、私たち夫婦を支えてくれました。

「バレーボールに助けられた」

「この恩は何かの形で返していきたい」

そう思い、いつか自分たちで大会をやって、お世話になった人たちを招待しようというのが、北川さんと私の夢になりました。

でも、大会を主催したことなどありません。ノウハウはなくても、その大変さはわかります。だから、大会開催は「いずれ、かなえる遠い夢」として大切にして、できることから始めようと、まずは高校生を招いたバレーボール教室を開催することにしたのです。

すでにつきあいのある高校生に声をかけたのですが、学校にも許可と協力をいただく必要があります。それが、私の母校でした。きびしかった監督はすでに退任していて、当時のコーチが監督になっていました。コーチは対等に接してくれる方だったので、「まずは行って話をしてみようか」と北川さんと2人で高校を訪ねたのです。

正門を入り、体育館に近くにつれ、体はこわばりはじめていました。体育館の重い扉を開くと、あの独特の空気とにおいが押し寄せて、ざわざわとした気持ちがよみがえり、呼吸が浅くなります。「やっぱり来るんじゃなかった」と後悔しました。

それでも、「よく来たね！」とあたたかく迎えてくれたコーチに、バレーボール教室を開きたいこと、女子バレー部の生徒たちの力を借りたいことを話すことができました。

すると、学校側は快諾してくれました。とんとん拍子で話が進み、数週間後、無事にバレーボール教室を開催しました。「ジュニアチームの練習に高校生が教えに来た」と、市の広報にも紹介されました。

夢がひとつかなって、私たち夫婦にも欲が出てきました。

「次、誰か有名な人を呼んでバレーボール教室をやってもらいたい」

そう考えるようになったのです。

# 益子さん、来てくれないかしら？

そんなとき、毎朝の習慣でもあるＮＨＫの『あさイチ』を見ているとマコさんが出ていました。そのとき、「ぴん！」ときたのです。

北川さんの高校時代からの親友・吉川孝介さんがマコさんと知り合いだということは知っていました。

「益子さん、来てくれないかしら？」

吉川さんにＬＩＮＥをすると、吉川さんはすぐにマコさんに連絡をとってくれました。『あさイチ』の放送が終わってすぐ、「行きます」という、うれしい返事が吉川さん経由で届いたのでした。

せっかくマコさんが来てくれるなら、私たちのチームだけではもったいないと、ふだん試合に招待してくれるチームや仲よくなったチームも招きました。当日、子どもたちも楽しそうにボールを追いかけています。笑顔いっぱいの素敵なイベントになりました。

楽しかった1日の余韻をかみしめながら、福岡空港にマコさんを送って別れたその2時間後。マコさんから、着信が入りました。

「今、羽田に着きました。子どもたちのために大会をしよう」

「私の名前使っていいから、福岡でいっしょに大会をしよう」

喜びと興奮と、同時にマコさんの名前使うなんておそれ多いし、「あっ、え、どうする!? どうする!?」と混乱したのを覚えています。

「いつか自分たちの大会をしたい」という私たちの夢は、マコさんには一言もお話ししていません。それは大切な夢だから、簡単に口に出してはいけないと思っていたからです。ただただ、不思議な導きを感じます。

そして、2015年1月12日、「益子直美カップ　小学生バレーボール大会」の第1回大会が開催されました。「監督が怒ってはいけない」というルールが生まれた経緯はすでにお話ししたとおり。マコさんからの提案です。

参加したチームにお伝えしたのは大会当日の監督会議で、瞬間、どよめきが起こりました。ふてくされてしまう人がいれば、「そんなルールはおかしい」と逆ギレする監督もいました。でも、開会式で子どもたちに伝えると、歓声があがりました。試合が始まり、バッテンマスクを渡され、「怒ってなんかいないし！」と怒る指導者さんもいましたが、子どもたちの楽しそうなこと！

「これは1回で終わらせるのではなく、続けていかなくちゃいけない」と、3人で思いを新たにしたのでした。

# 「怒らない」を手放して、手に入れたもの

「監督が怒ってはいけない大会」を主催するようになり、私たち夫婦もマコさんといっしょに考え、学んできました。今でも、「こんなおもしろそうな本を見つけたから、共有するね」とマコさんからLINEが送られてくることもしばしばです。

「おもしろそうですね」

「わかりやすくていいね」

「じゃあ、勉強しましょう」

長野大会

こうして3人で勉強してきました。それは、大会の運営だけでなく、私たちのジュニアチームの指導にも取り入れています。ジュニアの指導を始めて15年。指導者としてはまだ駆け出しの域を出ませんが、ジュニアの指導において何が必要なのか、何をしなくてはいけないか、私たちなりにわかってきました。

「怒らない」を手放した私たちが、どんな指導をしているのか、いくつかご紹介したいと思います。

## ・楽しく体を動かす

「ゴールデンエイジ」という理論をご存じでしょうか？　アメリカの医学者による発育と発達に関する研究をベースにした考え方で、「運動能力に関する神経は子ども時代の運動習慣によって決定づけられる」というものです。

具体的には、3歳〜8歳ごろに楽しみながら体を動かすことで体の動かし方の基礎が身につき、8歳〜12歳ごろになると「敏捷性」「瞬発力」「バランス能力」が培われるそうです。そして、この年齢を過ぎると、運動能力はあまり伸びなくなると言われています。

逆に言えば、12歳までに獲得したものは、生涯ずっと残るということです。運動神経は子ども時代に運動することで発達するのです。

私たちの世代は木登りや縄跳び、鬼ごっこなど、外で遊ぶことが日常で、自然と体を動かしていました。でも、今はあえて機会をつくってあげないと、ゴールデンエイジを何もせず過ごしてしまうことになりかねません。

そのためチームはバレーのテクニックを学ぶ場ではなく、まずは楽しく体を動かす場所にしようと考えています。

### ・遊びを取り入れた練習

チームの練習には、楽しみながら体を動かすような遊びを取り入れています。鬼ごっこはみんな大好きな練習メニューですが、ただの鬼ごっこではなく、少しアレンジをして行ないます。たとえば、腰にしっぽをつけて、それを取り合うようにしたり、鬼が捕まえた人と手をつなぎながら、追いかける「手つなぎ鬼」をしたり。

「手つなぎ鬼」はバレーボールの練習としても理にかなっていて、瞬発力や持久力、敏捷性が養われるだけでなく、バレーボールに必要なサイドステップの練習になります。手をつないだ人がどんどん増えてくると、まっすぐには走れず、横移動が必要になります。自然とサイドステップで動かざるをえないのです。

「サイドステップの練習です」と体育館を往復させるより、「鬼ごっこしよう！」と言ったほうが、子どもたちはよろこびますし、一生懸命動きます。遊んでいるうちに自然と必要な動作が身につくのなら、それがいちばんです。

ボールも「遊び」として触れてもらうことから始めます。

床に置いたボールをバンバンバンと叩いて、弾ませるゲームはよくやります。丸いボールのどこをどう叩いたら力が加わるのか、最初はよくわかりません。最初はぜんぜん弾まなかったり、横に転がってしまったり、うまくいきません。でも、コツをつかむと簡単に大きくバウンドさせられるようになります。これは、ボールの中心にしっかり当てる練習になります。

レシーブは、バケツやフラフープを使います。ひじを伸ばしたほうがきれいにボールを上げることができるのですが、「ひじを伸ばして」と言っても子どもたちはよくわかりませんし、毎回毎回、意識させることはむずかしいものです。

そのため、ひじを伸ばして持ったバケツでボールをキャッチする練習をしたり、フラフープにボールを通す練習をしたりして、腕の構え方やボールに対して正面に向く習慣をだんだん身につけていきます。そのほか、跳び箱からジャンプするスパイク練習は子どもたちも大好きです。

## ・必要なのは「よく食べて」「よく寝る」こと

小学生のときに「監督が怒ってはいけない大会」に参加してくれた子が、中学に入ってめきめきと頭角を現し、強豪高校に進学しました。1年生でレギュラーを獲得、インターハイ出場メンバーにも選ばれるほどに成長しています。

その子が6年生のとき、所属するジュニアチームの試合を高校のスカウトが見に来ました。そのとき、チームの監督はスカウトに向かってこう言ったそうです。

「あー、あの子はダメダメ。やめたほうがいいですよ」

小学生のころから体が大きく、明るくて元気で積極的でした。でも、技術的にはけして優れているとは言えないレベルだったからです。

それが、高校に入って、みごとに開花したのです。

小学生のときは、脳の命令系統も体も成長途上です。「こう動きたい」という脳の指令がまだうまく体に伝わりません。でも、成長していくにしたがい、幼いころから動いてきたことでつくられた脳の回路がつながりだし、動きたいように動けるようになります。

小学校の6年間は長く、心も体も変わっていきます。子どもの成長を「点」で見ると、その能力や才能に気づくことはできません。ともすれば、将来の可能性を潰してしまうことにもなりかねません。長い目で見ていく必要があります。

私は「小学生に技術はあまり必要ない」と思っています。まずはバレーに興味をもつ。「バレーボールが楽しい！」という気持ちを育てるのが第一です。

そして、次に体を大きくさせる。小柄でも活躍する選手はいますが、バレーボールはどうしても体格が影響する競技だからです。

だから、とにかく、「よく食べて」「よく寝て」ということだけは、チームの子たちにしつこく言います。そして、筋トレはさせません。小学生のバレーボールにパワーはいらないし、なにより、小学生のうちから筋肉を大きくすると、骨の成長を妨げるからです。

そして、もうひとつ。バレーボールは頭をつかうスポーツですから、「勉強もちゃんとしようね」と言っています。

### ・わかる言葉で伝える

「福津ジュニア」を始めたとき、自分でプレーすることと教えることは全然違うということに気づきました。あたりまえにプレーしてきたので、どう教えていいのかわからないのです。そのため、インターネットで調べたり、いろいろな指導者さんのところで修行をしたり。子どもたちへの伝え方については一生懸命、考えました。

北川さんはバレーボールの経験がありませんから、「あたりまえ」がありません。だから、指導者さんの言葉の何がわからないかがわかるのです。

彼がよく言っていたのが、「そんな専門用語で言われても、全然わからない。僕がわからないことを、子どもがわかるわけがない」

あまりに「わからない」「わからない」と言うので、ときどき、けんかになってしまうのにはこまりましたが、バレー経験のない子にも教えるわけですから、北川さんの言うことにも一理あります。子どもたちに伝わるような言葉を選んでいくことは必要だと思っています。

福岡大会

## ・理由を聞く

よく、ボールを追わなかった子に「なんで、行かないんだ！」と怒鳴る監督さんがいますが、「なんで」と問われても、そのときはよくわからないものです。でも、理由は絶対にあって、ていねいに聞いてあげると必ず出てきます。

たとえば、練習中、飛んできたボールをレシーブできなかったとき。

「なんで、あげられなかったんだろう？」

「どうだった？」

私はすごく聞きますし、待ちます。

それでも、うまく言葉が出てこなかったら、ちょっとヒントを出すようにしています。

「今、左にボールが来たよね。でも、どっちの足が最初に出た？」

人間は「左に行こう」と思ったら、本能的にパッと右足が出るものです。でも、バレーボールは相手のコートに体を向けておくのが基本ですから、ボールが左にきたら、1歩目はサイドステップで左足を出さなくてはいけません。

右足を出して、ボールを追いかけてしまったら、体が相手コートとは反対に向いてしまいますから、手にボールを当てられたとしても、次につながるボールにならないのです。

これは一例ですが、失敗に対して自分で考えることが大切ですし、説明や指導が必要であれば理論的に話して、納得したうえで練習をしたほうがいいと思っています。勘のいい子は、うまい人のプレーを見て、すぐにできるようになります。でも、そういう子は限られた一部です。

それをなんの説明もなしに、「なんで、ミスしたんだ！」と怒鳴られたら、ただただ「できない自分」だけが刷り込まれていきます。同じチームにはちゃんとできる子もいて、「どうして自分はできないのか？」「できない自分はダメだ」と自己評価が下がるばかりです。

ミスしたことには理由があります。アプローチすべきはその理由です。また、どうしても同じようなミスをしてしまうというのであれば、どうしてそれが苦手なのか原因を探して、対処すればいいだけです。

最近、視覚の機能を鍛える「ビジョントレーニング」について勉強していて知ったのですが、子どもの視野は大人よりも狭いのだそうです。水平方向の視野の平均は大人で150度ですが、子どもは90度。垂直方向で大人は120度、子どもは70度だそうです。

「なんで、見ていないんだ！」と怒鳴る監督さんはたくさんいますが、そもそも視野に入っていなかった、という可能性だってあります。「見ていない」と「見えない」では状況はまったく違います。見えなかったものを、「見ていない！」と怒るのは筋違いです。

もしも、よく見てプレーをさせたいのなら、たとえば、視野を広げるトレーニングを取り入れるといった方法のほうが、よほど効果的だと思います。

**・自分たちで話し合いをさせる。**

ミスをしてしまったとしても、プレーしているほうには言い分があります。たとえば、サーブレシーブをはじいてしまったとします。

「なんで、はじくんだ！」「手を振るな！」

監督はそう言います。

でも、選手は選手で「いやいや、そうは言うけど、前の人でボールが見えなかったし」とか、言い分はあるものです。監督はわからないから、ミスした人を怒るだけですが、ミスには理由があって、それはコートの中にいる人にしかわかりません。

だから、監督がベンチから指示を出したり、怒鳴ったりするのではなく、コートにいる6人が集まって話し合いをするのがいちばんだと思います。

「今、ボールが見えなかったから、ポジションをもうちょっと右に寄ってくれる?」

そうした、自主的な話し合いをさせることで、圧倒的に早く修正できます。

うちのチームでも、子どもたちで話し合うようにさせています。練習についても、「どうすればいいと思う?」と考えてもらい、指示はキャプテンに任せます。

試合中、ミスが続いたときはコートの中央に集まって話をしています。年齢の上下は関係なく、小学2年生の子が5年生にアドバイスするなんてこともあります。チームメイトに指摘されて悔しくて泣いてしまう子もいますが、どうやったらできるか、子どもたちなりに考えてやってみればいいのです。

今では、私も北川さんもほとんど、ベンチに入らなくなりました。主催の大会だと忙しいということもありますが、監督やコーチがいなくても大丈夫なチームだからです（安全のため、バレー経験のある保護者さんが付き添ってくれています）。

意外と、大人がいなくても子どもたちはちゃんとできるものです。

**・サーブが入らない子へ**

サーブはバレーボールでとっても重要です。なぜなら唯一、自分でトスをあげて自分で点数を取りにいけるからです。実際、サーブがうまくいくといい流れを引き寄せることができます。それがわかっているので、子どもたちはとても真面目にサーブ練習に取り組みます。

私のほうから、事細かに指示することはありませんが、サーブを打っても打ってもアウトになって、首を傾げている子がいたら、こんなアドバイスをします。

「それって、少し下がった位置から打ったらいいんじゃない？」

力が強いのだから、そのぶん遠くから打てばいい。単純なことですが、そんなものです。

そして、もう一言。「ひとつ、注意しとくね。下がるともっと強く打ちたくなるよね。それだと意味ないよ」。そこだけ言ってあげれば、ＯＫです。

また、練習ではいいサーブが入るのに、試合になると緊張してうまくいかなくなる子もいます。1回や2回、オーバーになってしまうのであれば、あまり気にしません。勢いがある証拠だから。

一方で、サーブがネットにかかってしまうときは緊張から萎縮してしまっていることが多く、気持ちの切り替えが必要です。そんな子には、こんなアドバイスをします。

「体育館の中に入ったら、まず、ネットの白いところを見よう。そして、そのあと、天井を見上げてごらん」

バレーコートの広さはどの会場でも同じですが、大きな体育館だと全体に広く感じるし、狭ければ圧迫感があります。ネットと天井を確認することで空間を把握させるのです。ただ、それのためだけではありません。いちばんの目的は、過剰な集中を切らすことにあります。

「コートをよく見る」「ボールをよく見る」など、確実にやるべきことに意識を移すことで、ドキドキや緊張から離れることができます。いわゆる「ルーティン」で、メンタルがプレーに出やすい子には、このアドバイスがわりと効きます。

サーブの緊張感は私もよくわかります。とくに「あと1点」といった大事な場面で自分にサーブが回ってきたらドキドキするものです。そのドキドキする気持ちを、ちょっとしたルーティンで、ずらすのです。

そうはいっても、緊張をゼロにすることはできません。私のアドバイスなど多少、緊張がやわらぐのに役立てばそれで十分。何ごとも経験です。

練習ではサーブが決まるのに、試合になると緊張から全然、サーブが入らず、スランプに陥っていた子に言えることなど、「失敗してもいいんだよ」くらいしかありません。

でも、それをずっと言い続けると、あるタイミングで覚醒し、サービスエースを何本も決めたりするから、子どもはやっぱりすごいと思います。

子どもたちは子どもたちでわかっているし、それぞれのペースもあります。失敗もいっぱいして、自分自身の中に経験を重ね、乗り越えていけばいいと思っています。

●

一方で、指導者さんに思うことがあります。サーブは重要だから、サーブを打つ前にアドバイスをする指導者さんはとても多いです。でも、試合を見ていて、「むしろアドバイスがマイナスに働いているのでは？」と思うケースが少なくありません。サーブを打つ直前、緊張マックスの子どもに、監督が大きな声で「しっかり当てろよ！」「狙っていけよ！」と言ったら、それはプレッシャーにしかならないのではないでしょうか。

なかには、「ネットにかけるなよ〜」と声かけをする監督もいます。注意喚起なのでしょうが、ネガティブなことを言われれば、脳の思考はネガティブなほうへと向かいます。

「そうか、ネットにかかるのか」と、監督の言葉に引き寄せられてしまうのです。

大切な場面だからこそ、「何かアドバイスしたい」と考えるのでしょう。でも、「何を言われたら気持ちが楽にプレーできるのか」をいちばんに考えてほしいと思います。細かいことを指示するより、「思いきっていこう！」と背中を押してあげるだけで十分だと思います。

サーブをする子どもたちをよく見てください。構えているときの真剣な目。そこから、サービスエースが決まったときのドヤ顔。すごく、かわいいんです。

## 考えて言葉に出せる子どもになってほしいです

日々の練習でも基本的に、私のほうから子どもたちに「教える」ということはほとんどしません。ただ、聞きに来たら、先ほど言ったような、ちょっとしたワンポイント的なアドバイスや、選手だったら実践している「なるほど～」といったコツやヒントを伝えます。そして、そのときは必ず、「内緒よ」と言い添えます。

コツをつかんで上手にできるようになった子に、チームメイトは「どうしたの?」「どうやったの?」と聞いたりします。でも、私との約束を守って「教えなーい」と言っているようです。

ただ、家に帰って親御さんには話すようです。保護者さんも、子どもがサーブの前にボールをじっと見ているなど、いつもと違う動きをしているのを不思議に思っているようです。試合の合間にお話しすると、「なるほど」と納得をされます。

「内緒よ」と言うのは、べつに意地悪をしているわけではありません。私が教えたことが、また聞きで伝わり、違った情報になるのを避けるためです。そして、やっぱり自分から聞きに来てほしいからです。

ここ2、3年、子どもたちが自分で課題や、やりたいことを見つけて、聞きに来てくれるようになりました。考えて言葉に出せる子どもになってほしいというのが、指導の目標でもありますから、この変化をとてもうれしく感じています。

子どもたちが私たち夫婦の指導をどう思っているのかはわかりません。でも、とりあえず私は、「ふだん、何も言わないけど、聞けば教えてくれる人」とは思ってもらえているのではないでしょうか。

## 「楽しい」は、やっぱりいいな

「福津ジュニア」を見学に来た方に、北川さんは必ず、こう説明をします。

「うちは勝利を求めるチームではありません。勝つ喜びや負ける悔しさも味わってほしいけれど、それ以上に楽しいことが優先です。上位をめざすのは中学、高校に入ってからでも遅くはありません。上をめざしたい方は他のチームをご紹介しますよ」

そして、「気がすむまで体験してください」と言います。

通常、ジュニアチームは体験の回数が決まっていて、平均で2回くらいでしょうか。でも、うちは親子で気がすむまで体験して、それでもやっぱりうちでバレーをしたいと思ったら入団してくれればいいし、「やっぱり入りません」でもOKです。最長で2年間、体験を続けた方もいました。

それでいいのです。だって、1回でなんて絶対にわからないじゃないですか。きょうはよかったけど、次の日来て「ちょっと違うかな」と思うことは絶対あるものです。人と人とが集まって行なうことですから、「合う」「合わない」は絶対にあります。

●

だから、チームの日常、ありのままを見てもらいたい。だって、楽しくないことをやる時間はムダだし、もったいないと思うから。

うちのチームには、前に所属していたチームでの理不尽な指導に耐えられず、バレーボールをやめたけれど、「やっぱり、バレーがしたい」と、きてくれた子がいます。

引っ越しをしてきて新しいチームを探していたところ、学区からは遠いけど、「福津ジュニアでバレーをやりたい！」と入ってくれた子がいます。

２０２３年の春は小学校低学年の子がたくさん入団し、練習に通う兄姉についてきた未就学の子も体育館を駆け回っています。

「バレーボールをやりたい」と、いろいろな子が集まり、一生懸命に、そして楽しそうにバレーボールをしています。

私自身がバレーをするのは嫌いだけれど、子どもたちが楽しそうにバレーをしている姿を見るのは大好きです。うらやましさとうれしさが混ざった、あたたかい気持ちになります。

「楽しい」は、やっぱりいいなと思います。

福岡大会

福岡大会

第 3 章

# だれも怒らない、怒られない大会のつくりかた

・

「監督が怒ってはいけない大会」を開きたい人たちの話を聞きに、全国を訪ねてます

北川新二

# 10年後には、怒らない大会にしたいね

監督が怒ってはいけないなんて、そんなのあたりまえ――
10年後には、そうなっていたらいいね
だから、10年は続けよう

２０１５年１月12日に第１回大会を福岡で開催したとき、マコさんと僕たち夫婦はそんな話をしていました。掲げた目標は大きかったけれど、まずは足元を固めていかなくてはなりません。年が明けた新年、成人の日を含む連休を福岡大会の開催日に決め、地元で大会を根づかせることから始めていきました。

第１回大会の参加が最後になってしまったチームもあるけれど、口コミもあって年々、参加するチームは増えていきました。コロナ前の２０１９年には県内外50数チームがエントリーする大きな大会になり、７会場に分かれて試合を行なうほどの規模になりました。

「監督が怒ってはいけない大会」では毎年、Tシャツを制作し、その販売利益が私たちのおもな活動資金になっています。50数チームが、参加するとなると、発注するTシャツの数も数百枚単位になります。

毎年12月に入ると、Tシャツが入った段ボールがわが家の玄関や部屋を占拠します。県外から参加される人たちの宿泊場所の手配や懇親会のセッティングなどに追われ、僕も美陽子さんもバタバタです。北川家の空気が殺伐となるのも〝年末の恒例行事〟となりました。

2017年12月には、マコさんの地元である神奈川県藤沢市での大会がスタートしました。2021年11月に秋田大会が実現し、以降、山口、高知、神奈川、佐賀、広島、長野と各地で僕らの理念に共感してくれる人とともに大会を開催しています。

## 「怒ってはいけない大会」は一般社団法人になりました

活動が広がっていくひとつのきっかけとなったのが、2021年の一般社団法人化でした。マコさんを代表理事に「一般社団法人 監督が怒ってはいけない大会」を設立したのです。

このころになると、「うちの県でもやってほしい」という声がたくさん寄せられるようなっていました。「監督が怒ってはいけない大会」の理念は広げていきたいし、要望があるのであれば可能な限りやっていきたい。

この年の2月には部活の顧問からの暴言・叱責で高校生が自死するという事件がありました。僕らの活動が始まって7年、もっと急がなくては、もっとがんばらなくては。そんな思いがありました。

一般社団法人化したほうが協力してくれる企業さんが増えるかもしれないし、社会的信用も得られる。活動を加速することができるはず。「だったら、ちゃんとしよう」

ということで、法人化することにしたのです。

インターネットで調べてみると、一般社団法人をつくるには、まず「社員2人以上を集める」とありました。これは、マコさんと僕ら夫婦で3人いるからOKです。代表理事にはマコさんに就任してもらい、あとは定款を作成して公証人に認証を受けて、法務局で登記……このあたりから、話がむずかしくなってきました。

僕は生来、あまり深く考えるタイプではなく「とりあえずやってみよう」「聞いてみよう」というタイプです。見よう見まねで定款を作成したものの、ただ、これでいいのかがよくわからない。その後の手続きもむずかしい。だったら、プロに聞けばいいと、法務局に行って受付で「どうしたらいいですか?」と尋ねたのです。

すると、受付の人はこう言いました。

「どうしたらいいじゃなくて、ホームページを見て、出直して来てください」

カチンときましたが、感情的に怒ってはいけません。改めて言いました。

「ここはなんのためにあるのですか? わからないから来たんです。教えていただけないんですか」

すると、先方もあきれたのか、「法務局は相談窓口ではなく登録をする場所です。

ホームページを見て勉強をされて、必要書類を持ってきてください。ただし自分でするのはとても大変なので、司法書士さんに相談するのがいちばんだと思いますよ」。「納得いかない！」と思いましたが、改めて調べてみると法務局の受付の方の言うとおり、かなり大変そうです。知り合いに司法書士さんを紹介してもらい、相談してみることにしました。

すると司法書士さんも、「北川さん、素人が1人では無理ですよ」と一言。「わかりました。では、よろしくお願いします」とお任せすることにしました。

ただ、僕がつくっていた定款を司法書士さんに見せると、「すごいじゃないですか！ここまでできていたらすぐですよ」と言っていただくことができました。そして、2021年4月22日、「一般社団法人 監督が怒ってはいけない大会」が設立したのです。

## クラウドファンディング、始めました

社団化と同時に行なったのが、クラウドファンディングです。一般社団法人を設立

●

するには定款の認定手数料や登録免許税、手続きを依頼した司法書士さんへの支払いなど、けっこうなお金がかかります。その費用のほか、この先、活動を広げていくにはホームページも必要だし、大会の横断幕やのぼりも欲しい。それらの制作費用も含め、目標金額150万円の支援を募ったのです。

「賛同してくれる方は現れるだろうか？」

「目標金額は達成できるだろうか？」

そんな心配をしていましたが、公開からたった1日で目標金額を達成！ 350万円をネクストゴールに設定しましたが、それもあっさりクリアです。最終的には369万8000円を集めることができました。ご支援いただいた方々には、本当に感謝しかありません。

「監督が怒ってはいけない大会」小学生バレーボール大会は、僕ら、「一般社団法人監督が怒ってはいけない大会」が主催者となります。ただし運営を担うのは地元チームの指導者さんや保護者のみなさんでつくる実行委員会です。

「福岡以外の地元主催大会は、絶対にうちでやりたい」

そう最初に名乗りを上げてくれたのは、秋田でバレーボールスクールを主宰する小松香奈子さんでした。

大会を主催するのは、みなさんが思っている以上に大変です。会場となる体育館の予約から当日のお弁当の手配まで、さまざまなことを決めて、手配していかなくてはなりません。

お金だってかかります。参加チームから参加費を集めるにしても、あまり高額にはしたくないし、そもそも参加費だけで運営費を賄うことはできないから、企業協賛を募らなくてはいけません。

地元の企業や商店をまわってお話をして、共感してくださった方にスポンサーになっていただく。こうしたことをすべて実行委員会が行なうのです。

「うちでも開催してほしい」という連絡をいただき、「みなさんで実行委員会を立ち上げて運営するものです」とお話しすると、半数以上がそこで連絡が途絶えてしまいます。そんな中、小松さんは「秋田で絶対に開催する！」と熱い思いを見せてくれたのです。

# めざすのは勝利や強化ではなく、楽しむこと、育てることです

NPO法人ブラウブリッツ秋田スポーツネットワーク
バレーボールクラブ代表兼監督
小松香奈子さん

「強化ではなく育成」という、本来の思いに立ち返って、2018年、15年間ほど続けた小学生チームの形を変え、バレーボール塾を開校しました。

でもいざ、「育成」を軸にすると、私の指導スキルが圧倒的に足りません。そこで、さまざまな指導者セミナーや勉強会に参加していると、行く先々でマコさんがいらっしゃったんです。もちろん、「監督が怒ってはいけない大会」のことは知っていました。

何かのオンラインセミナーでごいっしょしたときにお話しする機会があり、「私、秋田で絶対開催するので、そうなったら来てもらえますか？」って言っ

たんです。すると、マコさんから「行くよー！」と二つ返事。それが、最初のきっかけでした。

北川さんからは「『やってほしい』ではなく、『やります』って言ったのは小松さんだけですよ」と言っていただきましたが、私としては何がなんでも開催するつもりでした。

ただ、個人でも開催できるけれど、安心安全な大会にしなくてはいけないし、それには後ろ盾があったほうがいい。

ちょうど、3年ほど前からサッカーJ2「ブラウブリッツ秋田」に、「いっしょに子どもたちの育成をしませんか」という提案をしていて、「監督が怒ってはいけない大会」もブラウブリッツ秋田の事業として開催しませんか？　と話をもちかけたんです。

最初、ブラウブリッツ秋田の反応は、「簡単にできるものではなく、慎重に検討します」というものでした。もちろん、そこであきらめるはずはありません。まずは私の本気を示そうと、1人でスポンサー探しを始めたのです。

知人に紹介してもらった美郷町にある企業さんを皮切りに、資料を持ってあちこちの会社に飛びこんでプレゼンをして回りました。すると、何人かの社長さんが「未来につながるいい活動だ」と賛同してくださったんです。そして、ブラウブリッツ秋田の社長も「思いは伝わりました。ぜひいっしょにやりましょう」とゴーサインを出してくれました。

同時に、会場となる美郷町も協力してくれることになり、ブラウブリッツ秋田と美郷町という心強い後ろ盾を得て、秋田大会を実現することができたのです。

第1回大会は北川さんと連絡を取り合いながら、ブラウブリッツ秋田のノウハウも借りて、無事に開催することができました。

その後もまあ、いろいろとありますが、すべて熱さと勢いで乗りきっています。私、正直、熱い思いは誰よりもあるんです。「暑苦しい」って言われるくらい（笑）。やっぱり、子どもたちにバレーを楽しんでもらいたいし、長く続けてもらいたいから。

私がバレーを始めたのは中学生のときです。その後、高校、大学と続けるのですが、そこでの経験はマコさんや美陽子さんとほぼ同じです。自分の思いを言葉や行動に表せないまま、大人が敷いたレールにのっかるしかなくて、バレーボールが嫌いになっていきました。そんな経験をしてきたので、なるべく早いうちから、自分のことを自分で考えられる思考を育てていかなくてはいけない、そうでなければ人間として成長できない、と思うようになっていきました。

でも、いざ秋田でバレーの指導現場に戻ってみると、昭和の時代の指導がまだそのまま繰り返されていました。子どもたちは怒られて、自分で考える余裕がなくなり、ただ「やれ！」と言われたことに従うだけ。

それを目の当たりにして、すごくこわいなと思ったんです。「この子たち、どうなっちゃうだろう」って。早いうちから自分をプロデュースする力を養わなくてはいけない。それを知ってるのは秋田のバレー界でたぶん私だけ！って思ってしまったのです。

私自身は人に恵まれて、折々でいろんなことを教えてくれる人、きっかけをつくってくれる人と出会ってきました。子どもたちの育成にかかわることは、私がお世話になった人たちへの恩返しでもあります。

秋田でバレーボールをして「楽しかった」「成長できた」という思いを抱けば、それは、ふるさとに対する誇りにもなります。「秋田は子育てにもいい」という実感があれば、一度、都会に出ても帰ってきてくれるかもしれない。そうした環境をつくっていきたいとも思っています。

そのために、周りのみなさんといっしょに高め合っていきたい。だから、マコさんの勉強会での学びや、ペップトークや脳科学などで得た知識やノウハウは、積極的に他の指導者さんにもフィードバックしています。「監督が怒ってはいけない大会」は、そうした指導者の交流の場にもなっていけるんじゃないでしょうか。

私もそうでしたが、指導者のみなさん、みんな悩んでいます。時代は変わり、昔だったらなんの問題にもならなかったことや、そういう意図なくやったことが大問題になったりする。でも、そこはやっぱり私たちが変わらなくてはいけないんだと思います。

指導者が抱える悩みや葛藤は変化にともなう痛み、成長していくための痛みです。もっともっと痛い思いをしてきた子がたくさんいたことを考えたら、そのくらいの痛みくらいは受け止めなきゃ。

もちろん、きびしい指導の末の勝利が成長を促すという考え方や、勝つチームがこそがすばらしいという考えもあるでしょう。それぞれだと思います。いろいろな考え方があって、それは選択の自由です。

でも、私自身は勝利や強化ではなく、楽しむこと、育てることを重視した指導にこだわっていきます。子どもたちは、本当に日々どんどん変わっていきます。子どもたちの変化に気づき、認めてあげられる人間になりたい。「見てくれている」と思えたら、子どもたちは安心して、何も言われなくてもがんばれると思うから。

子どもたちの成長を目の当たりにできることこそが、指導者である意味だと私自身は感じています。

山口大会

# それでもやっぱり開催したいです

「大会をやってみたい」と連絡をいただき、大会を運営することの大変さをお伝えし、「それでも、やっぱり開催したいです」という言葉をもらったら、「ぜひ、お会いしてお話をしたいので、同じ思いの方を集めてください」とお伝えします。

全国、どこへでも行きますし、大阪くらいまででしたら車を飛ばして駆けつけます。もちろん、オンラインで打ち合わせを重ねて、大会当日に「はじめまして」でも問題はないのですが、やっぱり僕は会っておきたいのです。

旗振り役となって実行委員会を立ち上げるのは、指導者さんだったり、保護者さんだったりいろいろです。でも、言い出しっぺが誰であろうと、「子どもたちのために！」という熱い気持ちと行動力がある人といっしょにやりたいし、そのために僕ができることはやろうと決めています。

たとえば、２０２３年10月に開催された長野大会は、連絡をくれたのが、チームを創設してまもない監督さんでした。他のチームとのネットワークがまだあまりないとのことで、「監督が怒ってはいけない大会」のSNSを通じて参加チームを募集してみることにしました。これは、僕たちとしても初めての試みでした。

でも、蓋を開けてみたら、なんと参加チームは12にまで増えていました。実行委員長となった監督さんご自身が、いろいろなチームに声をかけたり、メディアをつかったりがんばった結果です。子どもたちのためにできることはなんでもやる、その思いに僕はやっぱり熱くなるのです。

僕らができることは全力でサポートしますが、一方で「大会でこんなことをやりたい！」というのは実行委員会のみなさんにお任せしています。

ここまで大会を重ねてきたので、ある程度、フォーマットはできていて、時間配分や、これをやれば盛り上がるというのがだいたいわかっています。「僕らはこういうことをしています」とお話ししますが、「基本的には、みなさんで考えてください」と伝えます。すると、「こういうのどうでしょう?」とみなさん、どんどんアイデアを出してくれます。

大会をやってみて、何か問題があれば、次の年に修正していけばいいのです。

「監督が怒ってはいけない大会」は基本、継続して行なうことを前提にしています。これも大会開催の条件にさせてもらっています。1回限りの楽しいイベントで終わったら意味がないとまでは言いませんが、僕たちの思いとは少し違います。

2年3年と大会を続け、それぞれの土地で、「監督が怒ってはいけない大会」が根づき、理不尽な指導ではなくポジティブな声かけが広がっていってほしいのです。

回数を重ねている福岡大会や秋田大会、藤沢大会では、卒団して中学生になった子どもたちが遊びきてくれたりします。

「今もバレーボールを続けています」

その言葉は、僕たちにとってなによりうれしい一言です。

## お金のこと

ちなみに、「監督が怒ってはいけない大会」の開催費用は、チームからの参加費と協賛金でまかないます。実行委員がもっとも苦労するのが、このスポンサー集めかもしれません。

営業経験のある人であればわかるかもしれませんが、まったくの初めてだと大変です。財団が用意している企画書の雛形がありますので、必要であればそれをお渡しして、それぞれにアレンジをして使ってもらっています。

協賛金を集めるコツは、熱い思いを伝えることです。そして、1万円程度の寄付を数多く集めることにあります。一件、大口のサポートをいただいて、予算が達成できればそれは楽ですし、ありがたいのですが、1社に100パーセント頼って大会を運営すると、その後スポンサーから抜けられたときのダメージは大きくなります。

でも、1万円程度の協賛金でしたら、企業はもちろん個人でも出せない額ではありません。第2回、第3回と大会が続いていくことを想定していますので、長く支えてくれるスポンサーをたくさんつくっておくほうが結果として、楽なのです。

また、仲間になってくれる地元企業さんが増えていけば、そのぶん大会の理念も地域に広がっていきます。

ちなみに大会にかかる費用ですが、それなりにはかかります。細かなことですが、横断幕を宅急便で発送するだけでも、片道5000円以上かかるのです。

もちろん「監督が怒ってはいけない大会」を開催して、財団が何かしらの利益を得ているということはいっさいありません。

## 福岡大学とコラボしてみました

「監督が怒ってはいけない大会」の形にもバリエーションが出てきました。ひとつが大学とのコラボレーションです。

福岡大学さんに声をかけていただいて、2023年2月に「監督が怒ってはいけない大会in福岡大学」を開催し、2024年1月には第2回大会を実施しました。

いつもの大会と違うのは、会場が福岡大学の立派な体育館だということ。そして、福岡大学の女子バレーボール部のみなさんが、いっしょにレクリエーションに参加してくれたり、運営や審判に関わってサポートしてくれたりすることです。

この大会は福岡大学が展開している「福岡大学スポーツ・健康まちづくりコンソーシアム（FUスポまちコンソーシアム）」という事業の一環として行なわれています。「FUスポまちコンソーシアム」とは、行政や各種スポーツ団体、プロチーム、企業が連携してスポーツを楽しむ人を増やそうというプログラムです。

小学校からバレーボールをしてきた子が高校で燃え尽きることはよく聞く話ですし、大学生になってまできびしい練習をしたくないと思う子が多いそうです。

大学としても課題感を抱いて「長くバレーボール人生を続けてほしい」「バレーボール人口を増やしたい」ということで、財団に声をかけてくださったのです。

福岡大学さんは僕らの理念に共感してくださっているし、僕らも福岡大学さんの考えに賛同しています。そんな経緯があって「監督が怒ってはいけない大会.in福岡大学」は実現しました。

レベルの高い大学生のプレーを目の当たりにして、子どもたちは憧れや夢を抱くでしょうし、バレーボールプレーヤーとしての近い未来をイメージできます。一方で、「私も『バレーが楽しい』と思ってもらえる指導者になりたい」「大学でも楽しく笑顔でプレーしたい」

学生さんからはこうした言葉が聞かれます。

大会の理念が拡がりうれしく思う半面、少し残念で複雑な気持ちになるのは、「監督が怒ってはいけない大会」について、こんなふうに言われるときです。

「理念は大変すばらしいと思います。個人的には共感するのですが、立場上、表立って応援するとは言えないところがありまして……」

「しかたがないことかな」と思います。指導者の考え方はいろいろで、僕らと相容れないスタンスの方はまちがいなくいます。公的機関やバレーボールに関する団体に属している方は、いろいろ大人の事情もあるのだと思います。

そんな中で、２０２３年11月に大分県嬉野市が市主催の大会として開催をしてくれたのは本当にうれしいことでした。

長野大会

35-5089 to make a reservation.
施設利用の予約は先着順で電話番号0827-35-5089(国際交流室)にて対応します。
第2回
監督が怒ってはいけない大会
つながる仲間たち
花岡JSC
Fujikawa Axis
沼城バレーボールスポーツ少年団
つながる仲間たち

山口大会

# 「怒ってはいけない」はバレー以外にも広がります

「監督が怒ってはいけない大会」はなんと、他競技でも開催されるまでになりました。
2023年3月に行なわれたハンドボールの「2023大仏Impal杯～監督が怒ってはいけない大会～」には、僕もマコさんといっしょに視察に行きました。

大会を開催したのは、私立学校のハンドボール部の監督さんで、聞けば、ずっと僕たちと同じ思いを抱きながら、プライベートでハンドボール大会を開催してきたとのこと。より強くメッセージをうちだしたいと、サブタイトルに「監督が怒ってはいけない大会」を掲げたいと連絡をくれたのです。

大会の実施要項には「指導者も学び続けて成長する場にすることをめざす」「選手の力を最大限に引き出す声がけに挑戦していこうという試み」と書かれていました。
「僕らと同じだ」と思いました。

僕らは小学生カテゴリーのバレーボールというジャンルでこの活動に取り組んでい

るけれど、理不尽な指導はどんなスポーツにも、どのカテゴリーにも存在します。いろいろな場所でいろいろなやり方で「NO！」の声をあげていかなくては、傷つく子どもたちを救うことはできません。だから、他競技とのつながりができるのは、とてもありがたいことです。

実は僕も、マコさんや美陽子さんとはまったく逆の立場で、スポーツが大嫌いになりました。僕は小さいころ、野球が大好きでした。少年野球チームに入りたかったのですが、「6年生までは空手の道場に通う」というのが父親の方針で、それはかなないませんでした。

だからこそ、「中学生になったら絶対に野球部に入る！」と、楽しみにしていたのです。

中学校に入学し、念願の野球部に入部しました。わくわくしながら参加した練習初日、監督は新入部員を前にこう言いました。

「野球経験者と未経験者に分かれて2列に並べ」

「経験者は練習に入れ！　未経験者は球拾い～」

それが3年間続きました。

少しは自信があったんです。体格はいいほうだったし、ずっと体育の成績は4か5で、運動神経が悪いわけでもない。でも、3年間、チャンスはやってきませんでした。

野球は好きでしたから、休まず練習には行きました。でも、ポジションも与えられず、ただただ球拾いでした。バットを持って打席に立ったことは、練習ですら一度もありません。もちろん、試合に出たことなどありません。

中学校3年生の夏、地区大会で負けて部活の引退が決まったとき、決意しました。

「もう二度と、スポーツなんてしない」

この中学のときの経験は、誰にも話したことはありませんでした。美陽子さんに話したのも、ずいぶんたってからです。なぜなら、恥ずかしかったからです。

「野球をやっていた」と言えば、話の流れで「ポジションは？」と聞かれます。その質問に僕は答えることができません。

マコさんや美陽子さんのように怒られることや殴られることはなかったけれど、そこにいてもいなくても同じ存在でした。たとえるなら、空気のようなもの？　いや、空気は存在する意味があるけれど、中学時代の野球部の僕はそのへんの石ころのようなものだった。それが恥ずかしく、僕のトラウマになっていたのです。

このことをマコさんに話せたのも、出会ってから5年くらいたってからでした。マコさんは、つらかったねと言いつつ、「できたら、その経験をみんなに話していってほしい」と言いました。

「叱られて、叩かれて育った私たちとは真逆のスポーツ人生を味わっている。それはまったく違う種類の苦しみで、伝えるべきことだと思う」

今では、自分のチームの保護者さんにも話をしています。僕はこういう経験があるから、「子どもたち1人ひとりを見ている」と伝えています。そして、子どもたちにも言っています。

「絶対、チャンスをあげるからね」

山口大会

# 「監督は怒ってはいけない大会」の名前を使うということ

僕たちが他競技の団体さんとコラボをすることがあれば、まったく知らないところで、「監督が怒ってはいけない大会」と同じような理念やコンセプトを掲げた大会やイベントが開催されたりしています。かつて、「あたりまえ」とされていた理不尽な指導に疑問が投げかけられ、変わっていこうとしている動きが同時多発的に起きているのを感じます。その変化が生まれた一端に「監督が怒ってはいけない大会」があったとしたら、それは光栄なことだなと思います。

一方で、僕たちの知らないところで「監督が怒ってはいけない大会」の名前のイベントが行なわれたりもしています。実は、「監督が怒ってはいけない大会」という名称は商標登録をしています。「このフレーズを独占したい」とか、「使用権でひと儲けしよう」とかではなく、大会の理念とは違う形で使われることを恐れたからです。

「監督が怒ってはいけない大会」は、監督（監督・コーチ、保護者）が怒ることなく、子どもたちも監督もチャレンジして、参加する子どもたちが最大限に楽しむ大会のことです。

そのため、怒らないための工夫、楽しめるためのアイデアを盛り込んでいます。ただ単に大会の冠に「怒ってはいけない」をつけただけでは、指導者の意識を変えることも、子どもたちのチャレンジを促すこともできません。本書でいっぱい紹介した、子どもたちの本当の笑顔を見ることもできないと思います。

「スポーツの世界から暴力や暴言をなくしたい」
「子どもたちにスポーツを楽しんでもらいたい」
そんな思いをもって活動している方とはつながっていきたいと思っています。だから、もし「『監督が怒ってはいけない大会』という名前で大会をしたい！」と思った方は、事前に連絡をいただけるとうれしいです。

# ヒーローたちが来てくれました

他競技への広がりという点では、２０２３年６月の広島大会から「ヒーローズ」のアスリートが参加してくださるようになったのもありがたいことでした。

広島大会に参加してくださったアスリートは全部で９人です。野球にフットサル、競泳にアーティスティックスイミング、空手にフェンシングに車椅子バスケと、さまざまな競技の世界で活躍されてきた方ばかりです。

アスリートのみなさんに話をうかがうと、競技ごとに指導スタイルは違うし、必ずしも体罰を受けたという方ばかりではありません。

でも、みなさん、それぞれの世界でさまざまな葛藤を経験されています。そんなアスリートが「監督が怒ってはいけない大会」で子どもたちを触れ合い、何かしらの〝おみやげ〟を各競技の世界へもって帰ってくれる。それは、いずれ大きな変化を生むものになるのではないかなと思っています。

●

# 子どもたちとハイタッチしながら考えます。私だからこそ伝えられることって何かなって

元競泳日本代表
竹村幸さん

水泳を習いはじめたのは、幼稚園の年長のときでした。器械体操とかけもちをしていて、小学校入学のタイミングで水泳一本にしたのですが、それは、スイミングクラブは夕方からで『ドラえもん』も『セーラームーン』も見られるから。最初はそんな感じでした。

小学1年で「選手コース」に上がり、低学年のときに出た全国大会で決勝に残ったのをきっかけに、クラブのいちばんレベルの高いクラスに入ったんです。

それまでは、水泳の友だちも大好きだし、大会で東京にも行けるし、勝てばメダルももらえるし、水泳は楽しいもので大好きでした。でも、レベルの高いクラスに入ったことでまったく違ったものになりました。

毎日毎日、怒鳴られて殴られて、ボコボコ。顔をぶたれて折れた鼻は、いまも曲がったままです。

でも、殴られるのと同じくらい嫌だったのは、私の前に主力選手だった子がコーチからいっさい声をかけてもらえなくなり、心を病んでしまったことでした。

水泳ではあたりまえなのですが、1人のコーチが20人程度の選手を担当し、実際に指導を受けるのは1人か2人です。目をかけられた選手は怒鳴られ殴られ、残りの選手はいっさい相手にされない。そういう世界なんです。

コーチに相手にされない子たちは、「結果を出してから言え」とあしらわれる。私は私で「殴られるくらいなら、速くならなくていい！」と言ったのがコーチに伝わり、また殴られる。私だけじゃなくて、みんながつらい思いをしていました。

14歳のときに日本ランキング2位に入り、オリンピックをめざすことになったのですが、そのころになると「怒られたくない」「がっかりされたくない」と、人の顔色をうかがうために水泳をやっていました。泳いでいて、苦しかった。苦痛しかありませんでした。

けっきょく0・06秒差でリオオリンピックの代表選考から落選しました。コーチを含め、環境をガラッと変えたのですがうまくいかなくて、どん底に落ちたような状態に陥りました。

でも、それがきっかけで、はじめてちゃんと考えることができたんです。「なんで、水泳をやっているんだろう」って。深掘りしていくと、改めて気づくことができました。

「やっぱり水泳が好きだ」って。

その後、もう一度、オリンピックをめざしました。けっきょく夢はかないませんでしたが、「水泳が好き」という思いを抱いて引退できたのは本当によかったと思います。

「監督が怒ってはいけない大会」には広島大会以降、何度も参加させていただいていて、刺激をうけっぱなしです。子どもたちと接するのが楽しくてしかたないのです。

でも、いっしょにハイタッチをしながら、考えるんです。彼女／彼らが私のような経験をしないため、私は今、何を伝えられるだろうかって。

私だからこそできること、伝えられることがあるんじゃないかって。

殴られてよかったとは、いっさい思いません。でも、「すべて自分の人生」。そう消化できているので、自分の経験を生かして、私にできることを全力でやっていきたいと思っています。

# 3人の思いが、遠くまで広がりました

「監督が怒ってはいけない大会」の次のステップとして、取り組みはじめたのが「つながるリーグ」です。「怒ってはいけない大会」のセカンドステージの始まりです。2022年に福岡と山口でスタートをし、2023年には大分でも行なわれるようになりました。2023年度は、福岡で24チーム、山口で18チーム、大分で10チームが参加しています。

つながるリーグは5、6チームのパートに分かれてのリーグ戦で、6月の開幕戦から12月の最終戦まで全部で7戦を戦います。

つながるリーグの目的のひとつは、「子どもたちにたくさん試合を経験させてあげる」ことにあります。スポーツ少年団やバレーボール連盟に未加入のチームは、大会に参加する機会がどうしても少なくなります。また、一般的に小学生の公式バレーボール大会は、午前中に予選を行ない、昼からトーナメントで優勝を決めるといったスケジュールです。勝ち続ければ1日バレーボールができるけれど、お昼ごはんを食べて1試合目で負けてしまったら、あとは審判をして帰るだけです。たくさん試合に出るためには、勝ち続けなくてはなりません。勝たなければいけないから、指導者も怒りたくなる。トーナメントは、どうしても怒りが生まれやすいシステムなのです。

でも、「つながるリーグ」はトーナメントではなく総当たりなので、1パート5チームであれば1日4試合は確実に戦えます。また、2戦目以降、各パートの上位2チームが上パートへ、下位2チームが下パートに行く入れ替えがあります。1か月に1回、パートの入れ替わりがあるので、いろいろなチームと対戦ができます。

年間の総合優勝は、試合結果によるポイント制で決まります。1大会参加すると5ポイント、勝つと2ポイント、引き分けで1ポイント、負けると0ポイントです。

参加ポイントがもっとも大きく、また、パートの入れ替えがあるので、ぎりぎり勝って上パートに行けたとしても、負けが続けばポイントが稼げない、ということも起きます。最後までどこが優勝するか読めず、その展開を楽しむことができます。

毎回、MVPやスマイル賞などのオリジナル賞を用意し、がんばった子どもたちをたたえます。MVPの賞品はオリジナルのマフラータオルで、第1戦から第7戦まで色を変えているため、1枚1枚のレア度がかなり高いグッズです。みんな、このタオルをゲットしようとがんばります。

「監督が怒らない」を大前提としながら、勝つこと、強くなること、うまくなることをあきらめずに、怒られないシステムの中でチャレンジできる。それが、「つながるリーグ」です。

また、「つながるリーグ」にはもうひとつ目的があって、それは大会の名前のとおり、子どもたち・指導者・保護者の交流、世代や地域を超えたつながりを育てることです。子どもたちの世界はまだどうしても狭くて、自分のチームのやり方がすべてだと思ってしまいがちです。でも、6月から12月の半年間、月1回、他のチームの大人や選手と顔を合わせれば、いろいろなチームの形があることを、なんとなく感じられるのではないかと思うのです。

指導者さんだって、お互い顔見知りになれば、指導の方法や子どもたちとの関わり方など、情報交換をすることもできるでしょう。実際、「つながるリーグ」をきっかけに練習試合が始まったりもしているようです。

現在、「つながるリーグ」が行なわれているのは福岡・大分・山口ですが、これを全国に広げていきたいと考えています。

各地域でつながりが生まれたら、次は地域を越えてつながり、その輪がどんどん大きくなればいい。２０２４年３月には福岡・大分・山口の交流戦を行なう予定ですが、遠くない将来、「つながるリーグ」の全国大会開催！　なんてなったら、すごくないですか？

「10年で怒る指導をなくす」という目標は、残念ながらかなわないでしょう。でも、マコさんと美陽子さん、そして僕、３人の思いはけっこう遠くまで、予想しなかったところまで広がったなあと感じます。

ただ、僕らができるのは、せいぜいその場所に「種をまくお手伝い」までなのだと思います。僕個人としては、みんなとガッツリ関わってやっていきたいという思いもあるけれど、それもむずかしいところまできたように感じています。

だからこそ、改めて思うんです。

「監督が怒ってはいけない大会」がどれだけ有名になったとしても、僕が続けていく目的は、ただ純粋に「子どもたちが楽しむため」です。何があっても、明るくて楽しい活動でなければいけないと思うから。そこだけは、ぶれずにやっていきたいと思っています。

●

広島大会

# 第4章

# 「監督が怒ってはいけない大会」の怒らないアドバイザーをしています

吉川孝介

## きっかけは東日本大震災のボランティアでした

僕は浄土真宗本願寺派の僧侶で、現在は北九州門司区と大分県別府市の本願寺に勤務しています。いわゆるお坊さんではあるのですが、本願寺の本部組織に所属する身で、地方組織へ出向をして、お寺の行政関係や地方の本願寺の運営の責任者をしています。

銀行でいうところの支店長のようなものだと思っていただけると、わかりやすいかもしれません。

そんな立場でもあるので、「一般社団法人 監督が怒ってはいけない大会」には外部のアドバイザーとして関わっているわけですが、僕が果たした役割でいちばん大きいのは、益子さんと北川夫婦をつないだことでしょう。

北川とはもともとは佐賀の高校で同じクラスでした。気があったというか、「きたがわ」「きっかわ」と出席番号が前と後ろだっただけなのですが、バイク好きという共通項もあって、なんとなく、つるんでいました。

高校卒業後はまったく別の道に進んだのですが、社会人になって偶然、同じ車に乗っていて、同じツーリングチームに入って。途中から、北川に「彼女」だと紹介されたのが美陽子ちゃんで、いっしょに遊んだりしていました。

その後、僕は九州を離れ、北川たちとのかかわりも薄れていきましたが、2009年の夏、再び交流が始まりました。

一方、益子さん――マコちゃんと出会ったのは2011年です。

当時、僕は築地本願寺の庶務部で働いていました。3月11日、東日本大震災が発災し、すぐに築地本願寺と町とがいっしょになってボランティア活動をしようと動き出していました。

まずは、4月30日にチャリティイベントを開くことになり、誰かタレントさんをゲストで呼ぼうという話になったのです。

「誰かいないかな?」と周囲に聞いたところ、自転車が趣味だという知人が「プロ自転車ロードレーサーの山本雅道さんと知り合いだから、益子直美さんに頼めるかも」

と、その場で電話をしてくれたのです。

マコちゃんは「スケジュールが空いているので、うかがいます」と即答でした。それが、彼女との最初の出会いです。

イベントは無事に終了して、みんなで一息ついていると、マコちゃんが、チャリティエコバックをつくって販売した収益の支援先にこまっているという話をしていました。

僕は5月下旬に福島県相馬市にボランティアに入ることが決まっていたので、「僕、相馬に行きますけど、いっしょに行きます?」と言ったんです。それにマコちゃんは「私もいいですか」と二つ返事。2人で相馬にボランティアに行くことになりました。

向こうでは「益子直美が来る」と盛り上がっていて、市長に会ったり、ラジオに出たりと大人気でした。そんな中、現地のスタッフの方がバレーコートを準備したというので、学校の体育館に向かうことになったんです。

先方は喜んでくれるだろうとバレーボールの用意をしたのでしょうが、マコちゃんの反応は、あきらかに違っていました。足取りは重く、隣にいる僕に「バレーコート、ひさしぶり」「あんまりバレー好きじゃないんだ」みたいなことをポツリポツリと言うのです。

子どもたちにバレーの指導のようなこともしたのですが、笑顔はぎこちなく、むしろ表情はくもり気味でした。炊き出しではあんなにも楽しそうだったのに、バレーコートに立つ彼女が、なんていうか、ものすごく苦しそうだったのです。

そして、東京までの帰り道。車で6時間かかるので、いろいろな話をしました。高校時代、たくさん殴られ、なじられ、つらい思いをしてきたことやオリンピックに行けなかったコンプレックスのことを聞きました。痛めてしまった肩のこと。彼女がバレーボールに対して抱いている複雑な思いを知りました。

そのとき、僕はマコちゃんにこんなことを言いました。

「まあ、それでも益子さんはバレーボールをしてきて今の自分があるんだから、いつかバレーボールに恩返しをするときがあるんじゃないのかな」

あとになってマコちゃんに聞くと、そのときは「なんにもわかってないくせに！」と内心、かなりイラッとしたそうです(笑)。でも、10年以上たった今、僕の「予言」は当たったのではないかと思っています。

●

相馬から帰ってきたあとも、何度かいっしょにボランティアに行ったり、イベントをしたりして、つきあいは続いていました。そのことはフェイスブックに投稿していたので、北川や美陽子ちゃんも僕と益子直美が友達だということは知っていました。

そして、2015年6月21日の朝、美陽子ちゃんから僕に連絡があったのです。

「今、美陽子ちゃんたち、子どもたちのバレー、がんばってるんだよね」

「うん。益子さん、来てくれないかしら?」

僕はすぐにマコちゃんにLINEをしました。

「友達が今、子どもたちのバレーボール指導をがんばっていて、もしよかったらどうかな? 福岡だけどいっしょに行って見てみない?」

「いいよ、いっしょに行こう」

このときもマコちゃんは即答でした。

そして、2014年7月、監督が怒ってはいけない大会のいわば0回大会が開催されました。当日は思っていた以上に盛り上がり、マコちゃんも北川たちも楽しかったのだと思います。大会後、福岡空港では搭乗までの間、みんなでいろいろと話をしました。

マコちゃんとしては、この日、何か思うところがあったのでしょう。飛行機の中で突然、「いっしょに大会やろう」「10年間やろう」「私の名前を使おうよ」と言い出したのです。

「すべて自費で行くので、だから吉川さんもちゃんと、マイル貯めといてね」って。

彼女にとって、ある種の決意だったのだと思います。

それで羽田空港についてすぐ、北川たちに電話をしました。じゃあ、いつにしようかというので、年が明けた2015年1月の連休にしようと、大会の機運が高まっていきました。

当時はお金がまったくないので、活動費を捻出しようとオリジナルのTシャツやバッグをつくって、販売をして。今もTシャツなどグッズにデザインされているキャッチコピー「Smile&Bond」――「笑顔と絆」は僕が考えたものです。

「監督が怒ってはいけない大会」というネーミングも、マコちゃん、北川と美陽子ちゃん、僕の4人であーでもない、こーでもないと話し合って決めました。「監督が怒らない」だとちょっと強すぎるんじゃないかとか、「監督に怒られない」にするとニュアンスが少し違うとか。

そんな感じでスタートして、「怒ってはいけない」と言っているだけでは一方的で、先に進まないのではないかと、コーチングやアンガーマネジメントを取り入れていき……そのあたりの経緯はすでに語られているとおりです。

## 規約も、申し込み用紙もない大会でした

僕のアドバイザーとしての役割は、マコちゃんと北川たちの3人ではカバーしきれないところをフォローすることです。

僕は2年間ほど活動から離れていて、2023年に再び、関わるようになったのですが、改めてびっくりしました。この大会、規約もなければ申込用紙もなかったのです。9年間、すべて北川の情熱と口約束でなりたっていたのです。オフィシャルな記録を誰も残しておらず、ペーパーもなければデータもない。大会終了後に何チーム何

人が参加して、どんな大会だったのかというのも、みんなの記憶の中にしかない。社団法人と言いながら、手づくり感満載です。よくやってきたなと、驚きます。

ここまで大きな問題がなかったのは、北川が「大会を主催したい」という人たちに会って、直接話をしてきたからです。それはそれですごいことだけれど、これからはそうはいきません。

そこで、僕が規約を作成してトラブルを未然に防げるようにし、申し込み用紙も作って、記録として残せるようにしました。申し込み用紙には「志望理由」を書く欄を設けたので、その内容から思いや熱意をくみとることができる。これで北川でなくても判断できます。組織なのですから、誰がやってもできるようにしないといけません。

もちろん、「監督が怒ってはいけない大会」がここまできたのは、時代の流れとともに、マコちゃんや北川夫婦の思いが一致し、突っ走ってきたからです。でももう、マコちゃん、北川と美陽子ちゃん、そして僕、それぞれが仕事を抱えたうえでできる範囲を超えるところまできたのはまちがいありません。

●

現在でも、さまざまなスポーツ現場で、あるいは教育現場で、子どもに対して「指導」と称した体罰や暴言、ハラスメントの事例が頻繁に報告されています。まだもう少し、「監督が怒ってはいけない大会」は必要です。

だからこそ、活動を持続できるかたちに移行していかなくてはいけません。マコちゃんや北川、美陽子ちゃんが無理をしなくても運営していけるよう、組織として成長していくべきフェーズにあります。「監督が怒ってはいけない大会」が10年を迎える、2025年3月までに、新しい体制を整えていこうと進めているところです。

マコちゃんと北川たちが経験してきた苦しみはそれぞれ違うけれど、「子どもたちが笑顔でバレーボールを楽しんでほしい」という同じ思いを抱き、その思いがひとつになってここまでやってきました。でも、僕はちょっと違っています。

もちろん、子どもたちの環境づくりの意義は感じていますが、いちばんは、マコちゃんのやりたいこと、北川たちのやりたいことを実現させてあげたい。これ以上、悲しい思いをしてほしくない。いつもずっと一生懸命な3人だから、それを支えてあげたい。それが僕のモチベーションです。それは、「監督が怒ってはいけない大会」がどのようなかたちになったとしても、変わることはないと思います。

広島大会

TeamHub
カローラ福岡
molten
MIKASA
MASUKO NAOMI CUP
smile×Bond 2023
Eat Well, Live Well.
AJINOMOTO

molten
For the real game
MIKASA
TeamHub
Eat Well, Live Well.
AJINOMOTO
カローラ福岡

広島大会

# 終　章

# 「監督が怒ってはいけない大会」のこれまでとこれから

益子直美

# 本当に怒っちゃダメなのかな？

「監督が怒ってはいけない大会」が、ある程度、しっかりとした芯をもった活動になったのは正直、ここ3年くらいです。活動を始めた当初は、私自身がブレブレでした。そもそも、「監督が怒ってはいけない」ルールだって、「子どもたちが怒られているのを見たくない」というシンプルな思いから出てきただけで、よく考えていませんでした。

今だから告白すると、最初の1、2年は福岡で大会を開催してはいるけれど、バレー関係者には絶対バレたくないと思っていました。SNSで「益子直美カップを開催しました」とポストしても、「監督が怒ってはいけない大会」と、表だって発信することを避けていました。

バレたら、「益子は何をバカなことを始めたんだ！」と絶対に叩かれるからです。

同時に、私はまだ、こうも思っていたのです。

「本当に怒っちゃダメなのかな？」

「怒らないと、甘えて育っちゃうんじゃないかな？」

スポーツと触れ合う入り口にいる小学生には、怒る指導は必要ないかもしれないけれど、より上をめざすトップカテゴリーでは怒りは不可欠だろう、と。

「怒ってはいけない」と確信をもって言えなかったのは、私自身、怒られる指導しか知らなかったからです。

そのころは、大学の女子バレー部のほうにも問題が山積していました。

大学の監督に就任したのは、「監督が怒ってはいけない大会」が始まった2015年です。

それまでバレーの仕事は極力避けてきたけれど、北川さん夫婦と出会って子どもたちのバレーに触れて、バレーボールに対する気持ちがゆるんできていたのだと思います。

大学からの依頼も、「バレーボールを通して挫折も経験されている益子さんに、人間的に成長できる指導をしていただきたい」というものでした。監督の資格をもっていないのもあって（現在ももっていません）、いったんはお断りしたものの、「上位リーグに上げてほしいといった強化は望んでいない」と言われ、「それならば」と、お引き受けしたのです。監督に就任して2年、6部リーグだったチームはトントン拍子で3部まで上がることができました。すると、新しいコーチが加わったり、チームは徐々に「勝利至上主義」に変わっていったのです。

週末も練習をするようになり、「土日に練習があるとバイトができなくなるから、生活がこまる」と、エースを含む多くの部員が退部していきました。一方で、「勝たなきゃいけない」プレッシャーは強くなっていきます。

でも、これまでの指導法ではまったく勝てない。どうしたらいいのか、まるでわかりません。

指導法を学びに行きたかったけれど、その時間もない。誰かに相談することもできませんでした。

そこで、私がどうしたのかというと「怒り」を使ったのです。

ミスした学生に罰を与えるかのようにワンマンレシーブをしたり、大声で学生たちを怒鳴ったりしました。私の中にある成功体験は「怒る指導」しかなかったからです。

でも、怒る指導をすることで、どんどんどんどん精神的に落ち込んでいきました。

●

自分があれだけ苦しんだことを、今度は自分が学生たちにしている。嫌で嫌でたまらないけれど、他にどうしたらいいのかわからない――。

ついに、車で大学に通う途中、いつも同じ場所で呼吸困難に襲われるようになりました。休憩をして胸の苦しさがおさまるのをじっと待ち、でも、どうしても大学に向かうことができず引き返すということを繰り返していました。

けっきょくそれが心臓発作につながり、ドクターストップがかかりました。自分で自分を追い込んで、結果、体が悲鳴を上げたのです。病名は「心房細動」。心臓の上部が小刻みに震えて動悸やめまいを引き起こす病気で、高齢者に多く現れる病気だそうです。脳梗塞や心不全のリスクが高まるとのことで手術を決断しました。大学の監督はその後、2018年秋に正式に退任しました。

ただ、これがよいきっかけになりました。

もともと大好きで始めたバレーボールが、病気を引き起こすまでのストレスになってしまったのはどうしてなのか？　自分を見つめ直したのです。

いちばんの後悔は、大学のチームが3部リーグに上がったとき、学びに行けなかったこと。なぜ行けなかったのかを突き詰めると、プライドがじゃましていたこと。けっきょくは自分の弱さです。そんな弱い自分から卒業したい！

「今度こそ、ちゃんと学ぼう！」

そう決心することができたのです。

## 目を開いてくれたのはスポーツメンタルコーチでした

学ぶことを決心したのと同時期、岩手県の高校で男子バレー部に所属する生徒が顧問からのきびしい指導や暴言によって心理的に追い込まれ、自死をしたというニュースを知りました。

スポーツが命を奪うものであってはいけない——。そんな思いに突き動かされ、それまで発信することは避けていた「監督が怒ってはいけない大会」についてSNSに投稿しました。

そのころになると、大会について「いい取り組みだ」と言っていただくことが増え、取材依頼がたくさん来るようになっていました。メディアでの露出もあって、私の投稿も注目を集めたのでしょう。そして、おそれていたことがおきました。ネガティブメッセージが私のSNSに大量に届くようになったのです。

「今のおまえがあるのは、叱ってくれた監督のおかげだろう」

「恩ある監督を批判し、否定するのか！　恩知らず！」

メッセージを見ながら、「やっぱり、そうだよな……」「私がやっていることは人としてダメなことなんだ」と自分を責め、SNSを開くことができなくなりました。

でも、私に届くメッセージの中には子どもたちから「助けてください」といったSOSもあります。チェックしなくてはいけないけど、こわくて開けない、でも開かなきゃいけない、と、ぐちゃぐちゃした気持ちの中で、何百通もたまったメッセージの中から2通を開いたのです。

そのうちの1通は、偶然にも私の母校のバレーボール部にお子さんが通っているという女性からのもので、「一度、スポーツメンタルコーチングの講座を見学に来ませんか？」と書かれていました。

その方はすでにスポーツメンタルコーチとして活躍されている方でした。自分には何か学びが絶対に必要だと思っていたところに届いたお誘いです。

自分のメンタルの弱さが嫌で、「強くならなきゃ」と思い続けてきました。「スポーツメンタルコーチング」という言葉を見て、「私に必要なのはこれだ！」と思ったのです。

「少しは変われるかもしれない」

そんな思いを抱きながら、「一般社団法人フィールド・フロー」のセッションに参加したのですが、それは期待以上のもので、私に世界が開かれる感覚を与えてくれました。

セッションは、どんな自分になりたいかを描き、そのためには、いつまでに何が必要なのか、ロードマップを描いていくというものです。目標とステップを明確に言葉にすることで、メンタルが整えられ、モチベーションが高まっていくという考え方です。

目標設定して、自分自身でモチベーションを上げて取り組んでいくなんて、人生初。

今まで怒られたくないから言われたことをやってきたけれど、自分で考えて決めて、行動していく、そんなやり方があることを初めて知ったのです。

なりたい自分になるためのステップとして、私が設定した一歩目は過去の確認でした。実は、このセッションには高校時代のコーチもいっしょに参加していたので、思いきって尋ねてみたのです。

「先生、きょうのセッション、すごかったですよね。今ではこうやってメンタルを整えることで成長できると考えるんですね。先生自身は、私たちの高校時代の指導についてはどう思いますか？」

「いや、俺たちの時代のほうがもっとひどかった。ぶたれたり、なじられたりはあたりまえ。おまえたちのほうがまだマシだ」

「先生の時代も大変だったのですね。でも今は時代が変わりました。自主性をもって動けるようになるために、こうした学びは必要ですね」

するとコーチはこう答えたのです。

「でもな。怒って怒って追い込んで追い込んで、そこから這い上がってこそ、真の根性が育つんだよ。その真の根性こそが、ここいちばんに生きてくる。理不尽さを乗り越えてこそ強くなるんだ」

そっか。やっぱりそうなんだと思いました。怒りがなければ、勝てないと信じているのです。自分がしてきたことを、自ら否定することはやはりむずかしい。怒りを使うことから抜け出せない指導者はこういうことなんだ、と。

でも、「怒りがなければ勝てない」なんてことは絶対にありません。

勝たせるために怒るというけれど、そのせいで潰れてしまう選手もいる。

それは、指導者の身勝手なエゴ。勝つために怒りは絶対必要ない。

この日が、私の「分岐点」となりました。

そこから、学びを広げていきました。スポーツメンタルコーチングに加え、やる気を引き出す「ペップトーク」を学び、アンガーマネジメントのファシリテーターの資格も取得しました。心理学や脳科学についても本を読んだり、セミナーに参加したりしました。

知識が私自身を支えてくれる——。そんな変化を感じるのと同時に、大会の注目度は高まっていきました。

「いいプロジェクトだね」と言っていただく機会が増え、2020年ごろの私は、「上から目線」だったような気がします。

「監督が怒ってはいけない大会」で、指導者のみなさんに、私が学んだことを伝えてあげよう。怒っているダメな監督を、私が正しい方向へ導いてあげよう。

そんな傲慢さがあったように思います。

でも、さらに学びを進め、人を変えることのむずかしさを知ります。そして、ようやく思いいたったのです。

怒っている監督を変えるのではなく、子どもたちに主体的なマインドを育むことが大切で、そのためには、「スポーツは楽しい」という土台をつくることが必要なのだと。

さらに今は、監督の怒りが生まれないような仕組みや環境整備も重要だと考えています。

「怒ってはいけない大会」が始まった当初、「怒らないかわりに、どんな指導をすれば勝てるんだ?」と言われても、答えられませんでした。

でも今は、「怒りを使わずとも、育成と勝利が手に入る指導法は絶対ある」と確信しています。それは何か、唯一の正解はまだ見つけられていないけれど、自信をもってこう言えます。

「いっしょに探していきましょう！」

## メンタルは弱くても大丈夫です

振り返ると、昭和の「スポ根」マインドにどっぷりつかり、その価値観から抜けられないでいたのは私も同じでした。

1996年のアトランタ五輪でキャスターとして取材をしたとき、ある代表選手の「オリンピックを楽しみたい」という発言を聞いて、「はあ？」「日の丸背負っているのに、楽しむってなんだよ！」と内心、猛烈にムカついたのを覚えています。

「トップクラスのスポーツは楽しむものではない」という昭和の価値観が、私にこびりついていました。

「アスリートは強くあらねばならない」。この価値観にも強く縛られていました。

アスリートは強い精神力が必要だけれど、私にはそれがない。だから、ミスがこわくてラインを攻めたスパイクは打てなかったし、監督に叱られるのがこわくておびえていたし、バレーボールをやめたくてしかたがなかった。そんな弱い自分が嫌いで、ずっと隠してきました。

そして同時に、「なんとかしてメンタルを強くしたい！」と思ってきました。でも、学んだことで「メンタルは強い／弱いで測るものではない」という価値観に変わっていきました。メンタルが弱いことは悪いことではなく、大切なのはどう整えるか。

メンタルは弱くても大丈夫。弱音だって吐けばいい。

そう思えたら、自分を認めることができるようになりました。

私は、「監督が怒ってはいけない大会」をきっかけに、弱い自分を世の中にさらけ出すことになったわけですが、自分を出したことで、多くのアドバイスをもらい、学ぶ機会につなげることができました。

今はむしろ、弱さを認めたほうが強くなれるのではないかと思っています。

「恩ある指導者を批判するのか!?」といったネガティブメッセージに対しても、今なら、「指導者には感謝しているし、あのときはそういう時代で、批判しているわけではありません」ときっぱり言いきることができます。

いろいろな呪縛から解かれ、自由になりました。昭和のスポーツ界の価値観として、「茨の道を選ばなくてはならない」という空気感もあり、私もそう思っていました。

でも、今は「楽しいかどうか」を判断基準にしています。

子どもだって、大人だって、アスリートだって「楽しい！」「おもしろい！」を軸に決めていいと思います。結果として選んだ道に茨が多くても、アップダウンがあったとしても、自分で選んだ道です。楽しみながら乗り越えていけるのではないでしょうか。

## 弱いアスリートだったから、できたこと

2022年12月、日本財団の「HEROs AWARDアスリート部門」を受賞しました。「HEROs AWARD」は社会課題解決の活性化に貢献しているスポーツやアスリートの活動を表彰するもので、「監督が怒ってはいけない大会」の「スポーツ指導におけ

る体罰やハラスメントがあたりまえという環境を変え、子どもたちの成長を促す」という理念と活動が評価されたようです。

受賞したことによって、勢いでスタートし、何かふわふわとしていた取り組みがあるべき場所に着地できたような気がしました。そして、うれしかったのは、私の受賞が公益財団法人日本バレーボール協会のホームページで紹介されたことです。ようやく少し認めてもらえたのかな、そんな気持ちになりました。

私が「監督が怒ってはいけない」と言えたのは、私が弱く、そしてトップに立てなかった元アスリートだからだと思っています。

以前、元女子プロテニスプレーヤーの伊達公子さんと対談をしたとき、びっくりしました。「伊達さんは、ぶたれなかったの?」と聞くと、「いや、ぶたれたよ。でも、私はよけてた」というのです。

同じような質問を競泳の金メダリストの鈴木大地さんにしたときも、驚きました。「指導者からぶたれることはあったけれど、そのあとに記録を出すと暴力に効果があったと勘違いされて、またぶたれるから、殴られたときは絶対に記録を出さなかった」

「よける」とか「あえて記録を出さない」なんて発想は、私にはまったくありませんでした。子どものころからそういう思考になれる人は、やっぱりすごい。トップオブトップに立つ人は、理不尽な練習や体罰に対してだって、自分で考えてアクションを起こしているのだと思いました。

ただ、そんなすごい人ばかりではありません。そもそも、きびしい指導を受けながら競技を続けていける人じたいが少数派です。圧倒的多数の人が、暴力や暴言で自主性や積極性、自尊心など大切なものを失い、競技をやめていきます。

私がスポーツ界にある理不尽な指導や暴力の問題に声を上げることができたのは、全日本には選ばれたけれど、オリンピックにいけなかったメンタル激弱なアスリートだったからです。そのやり方は少し唐突だったかもしれませんが、「怒ってはいけない」というメッセージを「えいやっ！」と議論のテーブルに上げた。その意義はあったのではないかと思っています。

私は2023年6月に、JSPO（公益財団法人日本スポーツ協会）の日本スポーツ少年団の本部長に就任し、新たなチャレンジをはじめました。

最初はお断りするつもりでしたが、スポーツ少年団のめざすところは「監督が怒ってはいけない大会」と重なるもので、組織として「小学生のスポーツ界でパワハラ指導をなくしたい」という思いをもっていらっしゃると感じたので、お引き受けすることにしました。

「最初の1年は現場を見せてもらいたい」と各地に視察に行き、指導者さんや保護者さんなど関係する方々のお話を聞いているところです。みなさん、問題意識を強くもっていることを感じます。

北川さん、美陽子ちゃんと出会った当初、3人で「10年後、指導者による暴力や暴言がなくなり、私たちの活動じたいが不要なものになればいい」。そんな話をしていました。それはかなうことはありませんでしたが、「スポーツの世界でも暴力や暴言、理不尽な指導はおかしい」という空気が、世の中に広がっているのを感じます。

2015年1月から始まって9年、ここまで続けてこられたのは、北川さんと美陽子ちゃんと私、この3人だったからだと思います。

# 終　章

そして、もうひとつ、大きいのは北川さんと美陽子ちゃんがバレーボールのチームをもっていることです。ただ、「監督が怒ってはいけない」と言うだけでなく、自分たちで怒らない指導を日常的に実践し、子どもたちの成長にどうかかわるのかを検証することができます。実際、その成果は出ていて、今、チームは伸びていて、卒団した子どもたちの多くがバレーボールを楽しんでいると聞きます。

2人が自ら「怒らない指導」の成功体験を積み上げている。それは他のイベントと違う、「怒ってはいけない大会」の説得力になっています。

●

私はずっと、周りの人に「バレーなんて大嫌い！」と言っていました。

でも、あるとき、親友に「マコちゃん、何を言っているの？　ずっとバレーボールに関わってるじゃん」と言われ、「……はっ！」としました。

「大嫌い！」と言いながら、1996年から障害者スポーツのシッティングバレーにボランティアとしてかかわり、2005年からは10年間、LGBTQのバレーボール大会を主催。日の目の当たらない環境のバレーを応援していたのです。

私の中でバレーボールというのは、あくまで頂点のこと。楽しむバレーボールは

「別枠扱い」にしていたのです。「トップカテゴリーこそがバレーボール」と思いながら、それでいて、トップカテゴリーの「勝たなきゃいけない」という価値観にうんざりしていたのです。

「楽しむバレーボール」の魅力を改めて私に認識させてくれたのは、まちがいなく子どもたちです。この「監督が怒ってはいけない大会」が私を変えてくれました。

大会は年を追うごとにパワーアップして、年々いい感じになっています。

でも、おそらくいちばん成長し、変わったのは私だと思います。

北川さんと美陽子ちゃんと出会えたこと。

「監督が怒ってはいけない大会」を生み出せたこと。

ここまで続けてこられたことを、本当にうれしく思っています。

「監督が怒ってはいけない大会」は2025年3月で、ひとつの区切りをつけようと話しています。もちろん、活動のすべてが終わるわけではありません。さらにもうひとつ上のステップへと進むためのピリオドです。

# 終　章

「バレーボールが大好き」

「スポーツって楽しい！」

そう言ってくれる子どもたちのため、子どもたちの笑顔のため、北川さん、美陽子ちゃん、私――3人のチャレンジは続きます。

●

広島大会

一般社団法人
## 監督が怒ってはいけない大会

バレーボール元日本代表・益子直美、北川美陽子、北川新二によってつくられた一般社団法人。始まりは、2015年1月、福岡県宗像市で開催された「第1回益子直美カップ　小学生バレーボール大会」。その後、「子どもたちに『バレーが楽しい！』と思ってもらいたい」という3人の思いから「監督が怒ってはいけない」というルールを発案。ユニークな試みが評判を呼び、福岡、秋田、神奈川、山口、広島、長野、佐賀、神戸など、全国各地で「監督が怒ってはいけない大会」が展開されている。理念は「1・参加する子どもたちが最大限に楽しむこと」「2・監督（監督・コーチ・保護者）が怒らないこと」「3・子どもたちも監督もチャレンジすること」の3つ。バレーボールのみならず、多くのスポーツ団体から注目され始めている。

## 益子直美　ますこ・なおみ

東京都生まれ。共栄学園高等学校在学中の84年「第15回春高バレー」で、バックアタックとジャンピング・ドライブサーブを武器に、八王子実践高等学校の当時の連勝記録を106勝で止め、準優勝。同年、高校3年生で全日本代表となり、「下町のマコちゃん」として女子バレー界を席巻。85年、イトーヨーカドー女子バレー部に入団。90年、第23回日本リーグ初優勝。日本代表では、ワールドカップ、世界選手権にも出場。現役引退後、93年にタレントに転身。NHK『トップランナー』の司会をつとめるなど、幅広い芸能活動をこなす。現在は、一般社団法人監督が怒ってはいけない大会代表理事、2023年6月より公益財団法人日本スポーツ協会の副会長、日本スポーツ少年団本部長もつとめる。

# 監督が怒ってはいけない大会が
# やってきた

2024年3月14日　第1版第1刷発行

著　者　一般社団法人　監督が怒ってはいけない大会
（益子《ますこ》直美《なおみ》・北川《きたがわ》美陽子《みよこ》・北川《きたがわ》新二《しんじ》）

発行人　宮下研一

発行所　株式会社方丈社

〒101-0051

東京都千代田区神田神保町1-32星野ビル2階

tel. 03-3518-2272 ／ fax. 03-3518-2273

ホームページ　https://hojosha.co.jp

印刷所　中央精版印刷株式会社


ISBN978-4-910818-12-2